LES JÉSUITES
ET LA
LIBERTÉ RELIGIEUSE
SOUS LA RESTAURATION

PAR

ANTONIN LIRAC

DEUXIÈME ÉDITION

SOCIÉTÉ GÉNÉRALE DE LIBRAIRIE CATHOLIQUE

PARIS	BRUXELLES
VICTOR PALMÉ, directeur général	J. ALBANEL, dir. de la succursale
25, rue de Grenelle, 25	29, rue des Paroissiens, 29

1879

LES JÉSUITES

ET

LA LIBERTÉ RELIGIEUSE

SOUS LA RESTAURATION.

PARIS. — IMP. V. GOUPY ET JOURDAN, RUE DE RENNES, 71.

LES JÉSUITES

ET LA

LIBERTÉ RELIGIEUSE

SOUS LA RESTAURATION

PAR

ANTONIN LIRAC

DEUXIÈME ÉDITION

SOCIÉTÉ GÉNÉRALE DE LIBRAIRIE CATHOLIQUE

PARIS	BRUXELLES
VICTOR PALMÉ, directeur général	J. ALBANEL, dir. de la succursale
25, rue de Grenelle, 25	29, rue des Paroissiens 29

1879

LES JÉSUITES

ET

LA LIBERTÉ RELIGIEUSE

SOUS LA RESTAURATION.

M. le Ministre de l'instruction publique a cru suffisamment motiver son projet de loi contre la liberté de l'enseignement et l'existence des congrégations religieuses, en évoquant, sous la troisième république, le souvenir d'une ordonnance du roi Charles X; bien volontiers nous le suivrons sur ce terrain qu'il a choisi. M. Jules Ferry parle avec quelque emphase de ses « devanciers de 1828 », cite avec respect « M. le comte Portalis », et ne craint pas d'abriter son autorité, peut-être insuffisante, derrière le trône de « la monarchie traditionnelle. » Il y a un certain courage dans cette indirecte approbation donnée à *l'ancien régime*; aujourd'hui nous voici revenus à une décision royale datée de 1828, contraire à la liberté de l'enseignement; nous pouvons nous attendre à voir quelque jour remettre en vigueur, avec autant de logique et d'à-propos, les ordonnances de 1830, pour favoriser la liberté de la presse !

Et pourquoi n'en serait-il pas ainsi? Le parti que M. le Ministre de l'instruction publique représente au pouvoir, n'a-t-il pas toujours professé cette doctrine : *Nul n'aura de liberté, hors nous et nos amis?* Ne suffit-il pas qu'on pense autrement que ces libres penseurs pour être convaincu d'avoir tort? Ne faut-il pas que tout ce qui leur déplaît disparaisse, et que tout périsse, non pas seulement les colonies, mais la patrie elle-même plutôt que leurs principes?

A ce compte, M. Jules Ferry a raison : dès 1828, il avait *des devanciers*. Lesquels? Ceux-là mêmes qui, dans un singulier accès de franchise, se sont infligé le titre, désormais historique, d'acteurs *d'une comédie de quinze ans*.

I

C'est un fait incontestable et mis en pleine lumière par d'éclatants aveux : la longue et opiniâtre guerre déclarée sous la Restauration aux congrégations non autorisées, aux Jésuites, au *parti-prêtre*, comme on disait alors, au *cléricalisme*, comme on dirait aujourd'hui, ne fut qu'une odieuse comédie. Au lendemain de la victoire, les défenseurs des « libertés de l'Église gallicane », de la « religion de Bossuet », des quatre articles de 1682, des droits de l'Etat mis en péril par les empiétements du clergé, jetaient le masque et confessaient sans vergogne qu'en invoquant la Charte, en maudissant la tyrannie, en réclamant la liberté, ils se moquaient du public.

Ces acteurs politiques avaient, suivant la tradition de Poquelin-Molière et de Voltaire-Arouet, un nom vrai et un faux nom. Dans les coulisses, entre amis, ils se disaient et ils étaient le parti révolutionnaire ; en public, sur la scène, ils s'affichaient comme le parti libéral.

A moins qu'on ne rêve l'identité des contraires, la Révolution n'a rien de commun avec la liberté. Mais il faut bien que l'erreur, pour faire des dupes, se pare des couleurs de la vérité. Pas un impie qui ne se prétende philosophe; pas un athée qui ne s'arroge le brevet de savant; pas un moine défroqué qui, plagiaire de Luther, ne prêche en se mariant la réforme des mœurs; pas un voleur qui n'ait à la bouche le mot de probité; au même titre, pas un révolutionnaire qui ne vante la justice qu'il outrage et la liberté qu'il opprime.

Aujourd'hui, il est vrai, on y met moins de façons; on avoue brutalement son admiration pour Marat et son amour pour Robespierre; on s'appelle tout simplement *radical*, terme fort bien choisi pour exprimer cette rage des *destructions* que M. Jules Ferry a déclarées *nécessaires* et qui vise à déraciner de l'âme du peuple la foi, le dévouement, l'honneur et tout ce qui subsiste encore du patrimoine de la France chrétienne.

Au temps de la Restauration, les esprits étaient moins avancés. Le bonnet rouge ne symbolisait pas l'ère de prospérité; la Révolution, réduite à se déguiser en personne honnête, ne trompait l'opinion soupçonneuse qu'à l'aide d'un faux passe-port.

Quels étaient-ils alors ces acharnés ennemis des religieux et des prêtres? Ce qu'ils sont encore à l'heure qu'il est. Assemblage disparate et incohérent de tout ce que nos bouleversements politiques avaient fait monter des bas-fonds de la société à la surface, le parti prêtrophobe révérait comme ses chefs quelques vieux régicides échappés à la guillotine, des apostats irrités contre l'Eglise qu'ils avaient trahie, de farouches ennemis des *tyrans*, devenus plats valets du pouvoir, quel qu'il fût, pourvu qu'il leur donnât de l'argent et des places et les fît préfets de l'empire ou pairs de France par la grâce du roi.

Venaient ensuite les béats admirateurs de la Révolution et des immortelles conquêtes, bourgeois infatués d'eux-mêmes dont Joseph Prudhomme restera le type immortel; puis, gens timides et toujours inquiets, les conservateurs dans le mauvais sens du mot, disposés, pour ménager leurs petits intérêts, à sacrifier le reste, avant tout la religion dont ils n'usaient guère, les prêtres qu'ils ne connaissaient pas et les Jésuites dont ils avaient horreur, sans savoir pourquoi.

Ce docile troupeau marchait sous la houlette *des héros de la presse et de la parole*, avocats sans principes, journalistes sans idées, hommes de lettres sans conscience, poètes sans pudeur, tous vendus au plus offrant, et faisant métier de leur langue ou de leur plume avec le même cynisme qu'affichent aujourd'hui leurs dignes imitateurs. Telle était la foule, *sine nomine vulgus*, au-dessus de laquelle, je le sais, s'élevaient quelques personnalités plus marquantes : un Paul-Louis Courier, qui, se proclamant « ancien cannonier et vigneron », n'était ni l'un, ni l'autre; faux soldat, faux paysan; un Béranger, chantre immoral, insulteur de Dieu, «faux bonhomme et comédien », au dire de son ami Sainte-Beuve, et qui lui-même a infligé à son style l'épithète de polisson.

Le reste ne vaut pas l'honneur d'être nommé, Voltaires de bas-étage, connus sous le nom de rédacteurs d'*articles bêtes*, chargés de faire laborieusement de l'esprit, à tant la ligne, aux dépens de Dieu, de l'Eglise, de la morale et surtout du bon sens (1).

Et maintenant, jetez dans l'ardent foyer de la Révolution tous ces éléments hétérogènes, sans autre cohésion entre eux que l'affinité des mêmes ambitions, des mêmes préventions, des mêmes haines, vous avez devant vous tout ce parti qu'on nommerait à cette heure *anti-clérical*.

Certes, ce n'est pas nous qui nous permettrions de dire de lui ce qu'en écrivait un de ses chefs, plus franc que bien d'autres : « Quelle canaille, mon cher Béranger, quelle canaille que la plupart de nos amis de quinze ans (2) ! »

(1) M. Paul Thureau-Dangin. *Le Parti libéral,* p. 323.

(2) Lettre de Laffite à Béranger, citée par M. Paul Thureau-Dangin, *le Parti libéral*, p. 57.

II

La guerre au clergé ne fut, alors comme aujourd'hui, qu'une tactique habile peut-être, mais certainement déloyale, une heureuse diversion tentée par des hommes compromis, qui trouvaient commode d'accuser pour se défendre, semblables au filou qui, sur le point d'être pris en flagrant délit, crie: au voleur ! et s'efforce de détourner sur l'honnête passant les soupçons de la police.

Dès 1816, le parti libéral conspire; l'insurrection de Didier à Grenoble donne le signal. L'annnée suivante, Lyon est de nouveau le théâtre de la guerre civile; les sociétés s'organisent dans l'ombre et font sentir partout leur action. L'association de l'*Union*, l'association des *Amis de la presse*, la loge maçonnique des *Amis de la vérité*, multiplient leurs adeptes. La charbonnerie enrégimente l'aristocratie du parti. Elle compte, parmi ses membres influents, des professeurs, des avocats, des magistrats, Dupont (de l'Eure), Mauguin, Mérilhou, etc., tous acharnés ennemis des congrégations religieuses qu'ils accusent de vouloir la ruine « du trône et de l'autel. »

« La charbonnerie, dit M. Louis Blanc, s'étendit en fort peu de temps dans tous les quartiers de la capitale. Elle envahit toutes les écoles. Je ne sais quel feu pénétrant circula dans les veines de la jeunesse. Chacun gardait le secret, chacun se montrait dévoué. Les membres de chaque vente se reconnaissaient à des signes particuliers et on passait des revues mystérieuses. Des inspecteurs furent chargés, dans plusieurs ventes, de veiller à ce que nul ne se dispensât d'avoir des cartouches et un fusil. Les affiliés s'exerçaient dans leurs demeures au maniement des armes; plus d'une fois on fit l'exercice sur un parquet recouvert de paille (1)... »

N'est-il pas curieux de trouver, sous la plume d'un apologiste enthousiaste de la Révolution, ce témoignage accablant, porté contre les mêmes hommes que nous entendrons bientôt accuser de conspiration les novices de Montrouge et les enfants de Saint-Acheul?

Un régicide écrivit un jour à un roi : « *Ce sont les moines qui conspirent de tout temps contre les souverains* (2). » Ce roi, étant frère de Louis XVI, avait des raisons sérieuses de n'en pas croire Carnot. Et voilà cependant par quelle odieuse et absurde manœuvre les pires ennemis du pouvoir s'efforcèrent

(1) Louis Blanc, *Histoire de Dix Ans*, t. I, p. 95. — Voir aussi l'*Histoire du gouvernement parlementaire en France*, par Duvergier de Hauranne, t. VIII, p. 143.

(2) *Mémoire* de Carnot à Louis XVIII.

de donner le change à l'opinion! *Les moines conspirent... le parti-prêtre conspire... la congrégation conspire... les Jésuites conspirent...* Cet éternel refrain, entonné par un chœur formidable de voix discordantes, ébranla la tribune et le prétoire, et multiplia ses échos dans le pays tout entier.

A l'heure même, les complots militaires éclataient comme des machines infernales sur tous les points du royaume, à Paris, en 1820, à Saumur et à Belfort en 1821, à Strasbourg et à La Rochelle en 1822. Les ouvriers, embrigadés dans les sociétés secrètes, descendaient périodiquement dans la rue. Il s'agissait bien de cela! *Les moines conspirent!*

Dans les loges et les ventes, on jurait sur le poignard haine à la religion, haine à la royauté. L'infortuné duc de Berry tombait sous le fer d'un fanatique admirateur de Robespierre. Et le cri qui dominait la plainte de la France indignée, quel était-il? le même toujours: *Les moines conspirent!*

Cependant l'armée du désordre se recrutait et s'organisait dans l'ombre; et quand l'heure favorable au complot eut sonné, il se trouva que ce n'étaient pas le parti-prêtre, la congrégation, les Jésuites, mais leurs bruyants dénonciateurs qui dressaient les barricades, envahissaient les Tuileries, chassaient Charles X, profanaient Saint-Germain l'Auxerrois, pillaient l'archevêché et rejetaient la France dans les aventures.

Le tour joué, l'étrange frayeur que le clergé inspirait à ces singuliers défenseurs de l'Etat, se dissipa tout à coup. « La Restauration est tombée, écrivait le *National* (1), et avec elle les Jésuites. On le croit du moins. Cependant toute la France a vu la famille des Bourbons faire route de Paris à Cherbourg et s'embarquer tristement pour l'Angleterre. Quant aux Jésuites, on ne dit pas par quelle porte ils ont fait retraite ; personne n'a plus songé à eux le lendemain de la Révolution de Juillet ni pour les attaquer, ni pour les défendre. *Y a-t-il, n'y a-t-il pas encore des petits séminaires, des congrégations non autorisées par la loi?* Il n'est pas aujourd'hui de si petit esprit qui ne se croie avec raison au-dessus d'une pareille inquiétude, et de très-grands esprits (?) s'étaient consacrés sous la Restauration à inspirer à la France la haine et la peur de cette fameuse congrégation jésuitique qui *n'existait peut-être point* ou ne valait pas la peine qu'on s'enquît de son existence. *On savait bien que la société de Jésus proprement dite n'offrait pas de bien grands dangers.* On n'en voulait qu'à l'esprit jésuite, l'esprit dévot, l'esprit *Tartufe* (2); c'était l'esprit de la dynastie régnante. On s'entendait à merveille sur la valeur du mot jésui-

(1) Rédigé par A. Carrel, 17 octobre 1832.

(2) Voilà un mot que les hommes d'un certain parti ne devraient jamais écrire ou prononcer sans rougir.

tisme : *il était synonyme de dévouement à la légitimité*... On disait dans ce temps-là jésuite pour royaliste. »

On dit aujourd'hui Jésuite pour catholique, pour conservateur.

III.

Ce fut surtout durant les quatre dernières années de la Restauration, que le parti révolutionnaire, pour conspirer à l'aise, dénonça bruyamment à l'opinion publique les sourdes menées et les dangereux complots des religieux et des prêtres.

Mgr Frayssinous, ministre des affaires ecclésiastiques, dans un discours prononcé le 27 mai 1826, à propos de la discussion du budget, essaya vainement, à force de franchise, de calmer des inquiétudes fort peu sincères; il ne fit que fournir de nouvelles armes aux ennemis de l'Église. On évoquait, avec un effroi très bien simulé, le spectre noir de la congrégation et des Jésuites. Mgr d'Hermopolis prit la peine de démontrer sérieusement à l'opposition ce qu'elle n'ignorait guère, que ni les Jésuites, ni la congrégation n'étaient redoutables. Certes, la pieuse association dont le ministre du roi détaillait avec complaisance les pratiques de religion et de charité, « n'avait rien de suspect, ni en elle-même, ni dans l'esprit qui l'animait. » Quant aux Jésuites, leur action sur l'éducation publique était vraiment trop restreinte pour éveiller la moindre susceptibilité. « Il existe en France, disait Mgr Frayssinous, trente-huit colléges royaux, plus de soixante collèges communaux et plus de huit cents maisons particulières, institutions et pensions, quatre-vingts séminaires et au moins cent écoles ecclésiastiques préparatoires ou petits séminaires. Eh bien! il n'est pas un seul collége royal, pas un seul collége communal, pas une seule pension particulière qui soient dans les mains de ces hommes si redoutables connus sous le nom de Jésuites. » Et non sans une pointe d'ironie, l'orateur suppliait l'opposition de ne pas croire tout perdu, parce que sur les cent petits séminaires, les Jésuites en dirigeaient *sept*, par l'expresse volonté et sous l'active surveillance des évêques.

Qui le croirait? Cette innocente révélation, qui n'apprenait rien à personne, suffit à soulever une tempête. Casimir Périer, qui ne se doutait pas encore qu'il devait devenir un homme de gouvernement, s'élance à la tribune et s'écrie avec emphase : « La voilà donc enfin reconnue, cette congrégation mystérieuse! » Et tous les carbonari d'applaudir, en manifestant l'indignation la mieux jouée. Un journal, avec lequel son homonyme d'aujourd'hui n'a de commun que le titre, *le Constitutionnel*, répand la terreur chez tous les honnêtes boutiquiers qui cachent au fond de leur armoire le fusil chargé pour la prochaine émeute : « Toutes les inquiétudes de l'opposition sont officiellement justifiées... *Le feu est à la maison et l'on nous conseille de nous tenir tranquilles!»* *Le Journal des Débats*, dès lors fameux par ses palidonies et ses habiles volte-faces, exprime les frayeurs des francs-maçons de « la classe éclairée. » — « Le nom sinistre des Jésuites est dans toutes les bouches. Il est répété dans les feuilles publiques *avec l'expression de l'épouvante;* il parcourt la France entière *sur l'aile de la terreur qu'il inspire* (1). »

Et, de fait, au mot d'ordre donné, d'un bout du royaume à l'autre s'éleva une immense clameur,

(1) On était loin du temps où *le Journal des Débats* applaudissait au rétablissement de la Compagnie de Jésus dans le royaume des Deux-Siciles, parce que, disait-il, « les nouveaux Jésuites sont ce qu'étaient les anciens. Outre le même nom, le même habit, la même règle, les nouveaux vont être formés par les anciens subsistant encore, *ces restes d'Israël* que la Providence ne semble avoir conservés que pour être les dépositaires du feu sacré et des vraies traditions et principes de l'Institut... L'ordre, sans avoir la même étendue, n'en a pas moins la même perfection : identité aussi précieuse qu'honorable... » C'était en 1804, et le *Journal des Débats* avait cru entrer ainsi dans la pensée de l'empereur. Il se trompait; cet article, daté du 2 octobre, déplut à Napoléon qui, le 9 du même mois, écrivit à Fouché, ministre de la police générale : « Vous préviendrez les rédacteurs du *Mercure* et du *Journal des Débats*, que je n'entends point que le nom des Jésuites soit même prononcé, et que tout ce qui pourrait amener à parler de cette société soit évité dans les journaux. » (*Archives de l'Empire.*) Naturellement le docile journal obéit à l'empereur comme plus tard aux chefs de l'opposition dynastique.

multipliée par les mille échos de la presse et de la tribune, accueillie avec une niaise curiosité dans la rue. Il ne fut plus question que d'évêques, de curés, de moines, de couvents, de séminaires, de bulles, de mandements, de billets de confession, de missions, d'indulgences, d'inquisition, d'église gallicane, et surtout de Jésuites.

Les Jésuites gouvernaient le Pape, le Roi, les Chambres, la noblesse, le peuple, et sans doute l'opposition elle-même à son insu. Saint-Acheul était une forteresse; Montrouge un souterrain plein d'armes; et les oreilles de certains journalistes étaient si fines ou si longues, qu'elles percevaient distinctement le bruit du canon tiré par les novices. Les fables les plus ridicules obtenaient faveur; il était avéré que les Jésuites fondaient des boulets et des balles pour les Turcs en guerre avec nos amis les Grecs; qu'ils entassaient dans leurs caves les lingots de la Banque de France; qu'ils avaient imposé des vœux de religion à Charles X, et que le roi, prêtre et jésuite lui-même, disait la messe dans son appartement.

Les Jésuites faisaient, à la lettre, la pluie et le beau temps; eux seuls étaient responsables de la cherté du pain, de l'intempérie des saisons, de la gelée, de la grêle, de l'expédition d'Espagne. Grandes et petites choses étaient à leur dévotion; don Miguel déclarait à leur profit la guerre à son frère, et si les cochers des Petites-Voitures couraient, à bride abattue, dans les rues de Paris, c'est que les Jésuites leur ordonnaient, par pure malice, d'éclabousser les passants.

S'agissait-il d'un projet de loi sur les associations religieuses de femmes, tous les organes de l'opposition y devinaient un moyen subreptice de rétablir légalement des Jésuites. Les chambres s'occupaient-elles de l'indemnité des émigrés ou de la loi sur le sacrilège, on ne manquait pas d'y reconnaître « la main des Jésuites. » Parlait-on du droit d'aînesse : « Ne faut-il pas, s'écriait aussitôt *le Constitutionnel*, des cadets et des filles pour repeupler les couvents? » M. de Villèle était un Jésuite, et sa loi sur la presse, « loi de haine et de vengeance, sortait du comité inquisitorial de la congrégation. » Partout des congréistes, partout des Jésuites de robe longue ou de robe courte. Le journal, le pamphlet, la chanson, la gravure propageaient à l'envi les calomnies folles, burlesques, impossibles, qui faisaient dire à Lamennais : « Sans doute ce sont là d'un bout à l'autre d'énormes absurdités. Il ne faut pas croire cependant qu'elles paraissent telles aux hommes de ce temps. Rien n'est trop fort, rien n'est trop sot pour le public qu'on nous a fait, et c'est ce qui doit faire trembler pour l'avenir (1). »

(1) *Correspondance*, t. I, p. 246, lettre à M. Berryer.

Toutefois, il fallait d'autres arguments pour convaincre les hommes sérieux de « la conspiration du parti-prêtre, » de ce qu'on appelle, dans le français du jour, *les menées ultramontaines*. Pour toutes raisons on eut deux mots, mais deux mots bien faits pour séduire les vétérans, nombreux encore, du jansénisme et du gallicanisme parlementaires.

Ce fut d'abord *la Déclaration de* 1682. Des gens qui ne croyaient pas en Dieu s'éprirent tout à coup d'un beau zèle, — comme l'an passé M. Gambetta et M. Guichard, — pour « les quatre articles. » A les en croire, ce n'était pas seulement l'Etat et les libertés modernes que menaçaient les Jésuites, c'était l'Eglise elle-même asservie sous leur joug, le Pape trompé, les premiers pasteurs menacés dans leur juste indépendance, de sorte que, par une curieuse anomalie, les infidèles se croisaient contre les fidèles pour la défense de la foi.

C'est ainsi qu'on défendait « l'autel ; » il fallait de plus affermir « le trône. » Pour cela, on remit à neuf le titre d'une vieille comédie, célèbre au début de la révolution : *l'Ami des lois*, de Laya. Il ne fut plus question que du respect des lois, de l'attachement aux lois, de l'exécution des lois. Les lois, disaient les instigateurs d'émeutes et de complots, défendent aux catholiques de prier ensemble, aux religieux d'exister. Et de vieux légistes, imbus de tous les préjugés parlementaires, tendirent la main à ces libéraux qui réclamaient à grands cris des lois d'exception au nom de l'égalité, la proscription de quelques centaines de leurs concitoyens au nom de la fraternité, et l'application d'édits surannés et d'arrêts d'ancien régime, au nom de la liberté moderne et du droit nouveau !

Les partisans d'une licence sans frein ni limite, qui ne refusaient le baiser de paix ni au Juif, ni au Turc, ni au païen, exigeaient la mise hors la loi de tout Français qui se permettait de faire profession des conseils évangéliques. Et quelques hommes d'Etat célèbres, de graves magistrats, se mettaient humblement à leur remorque et s'unissaient à leurs tyranniques revendications, moins sages en cela et moins clairvoyants que cet ancien avocat général au Parlement de Paris, M. Séguier, qui, durant son exil à Tournay, au début de la Révolution, disait un jour, avec un vif sentiment de regret, à l'un de ses compagnons d'infortune : « Monsieur, nous avons fait une terrible école au palais, en signant le renvoi des Jésuites. Je vous proteste que, si Dieu permet que je remonte sur les fleurs de lis, ma première parole sera pour leur rappel (1). »

Les successeurs de M. Séguier allaient être mis en

(1) *L'Ami de la Religion*, t. LV, p. 271.

demeure de se prononcer sur cette question de liberté religieuse; car le parti révolutionnaire se disposait, pour se mieux couvrir, à dénoncer les innocents à la justice du pays et à sommer le pouvoir de veiller « à l'exécution des lois. »

Par un bonheur inespéré, un personnage qui passait aux yeux de tous pour chrétien et royaliste, vint se livrer entre leurs mains comme un docile instrument.

IV

François-Dominique de Reynaud, comte de Montlosier, qui, à l'âge de soixante-dix ans, partait en guerre pour le compte du parti libéral contre « le parti prêtre, » est certainement un des plus étranges personnages qui aient jamaïs joué un rôle sur la scène politique. Entêté dans ses idées, et cependant versatile au point de traverser successivement toutes les opinions de son temps ; mêlant à de certains élans de générosité chevaleresque un égoïsme inouï ; affectant les allures simples d'un montagnard, parlant avec emphase de son pain noir, du lait de ses chèvres, de sa cabane, et sourdement irrité de n'être rien, M. de Montlosier avait donné des gages à tous les partis, sans appartenir réellement à aucun.

Ce cadet d'Auvergne, douzième et dernier enfant d'une famille dont la fortune était modique, avait été élevé au collège de Clermont. Puis, il s'était livré confusément et sans suite à toutes sortes d'études commencées à sa manière en toute direction, « essayant un jour du droit, l'autre jour de la médecine ou de la chimie, croyant à Mesmer et au magnétisme, tantôt affamé de solitude et faisant de la théologie comme s'il voulait se faire prêtre, tantôt se livrant aux plaisirs mondains, se battant en duel, applaudissant Voltaire et Diderot (1). » A l'Assemblée constituante, il n'avait jamais pu faire un discours. « Ce n'étaient point les impressions ou les idées qui me manquaient, avoue-t-il lui-même ; tout cela était en moi avec abondance, mais dans une telle confusion et dans un tel tumulte que, si je voulais improviser, je m'embarrassais dans mon bagage. » Un jour, il traita, en pleine séance, ses contradicteurs de *Manichéens* (2) ; une autre fois, il se signala par une *dénonciation* contre les négociants français qu'il représentait comme des tyrans. Son véritable titre de gloire fut, à cette époque, cette phrase célèbre qu'il prononça au sujet de la constitution civile du clergé : « Vous ôtez aux évêques leur croix d'or ; ils prendront une croix de bois, c'est la croix de bois qui a sauvé le monde (3). »

(1) *Le Parti libéral*, par M. Paul Thureau-Dangin, p. 387.

(2) « Les biographes ont assez parlé de mes colères à l'Assemblée constituante, reproche injuste à quelques égards. Je n'étais pas dans le cas, comme on a dit, de me mettre en colère; j'y étais toujours. » (*Dénonciation aux Cours royales*, p. 33.)

(3) Cette phrase ne se trouve pas au *Moniteur*; Châteaubriand, dans ses *Mémoires d'Outre-Tombe*, se vante de l'avoir *un peu ratissée, en la reproduisant.* Mais Talleyrand, peu avant sa mort, racontait encore à l'abbé Dupanloup le grand effet que ce mot éloquent avait produit. (*Vie du P. Loriquet*, par Henrion, p. 312.)

Après quoi, il émigra à Coblentz, fit avec les princes la campagne de 1792; mais, assez mal reçu par eux, « il eut une querelle, se battit la nuit au bord du Rhin et fut blessé en pleine poitrine. Ne pouvant remuer et n'y voyant goutte, il demanda aux témoins si la pointe de l'épée passait par derrière. — De trois pouces, lui dirent ceux-ci qui tâtèrent. — Alors ce n'est rien, répondit Montlosier. Monsieur, retirez votre botte (1). »

N'y a-t-il pas du don Quichotte en ce Montlosier? Furieux contre les émigrés auxquels il reprochait « de se montrer gros de plus de crimes que Marat et Robespierre », il se retira à Londres où il se mit à rédiger un journal (2) dont le pur royalisme lui valut la faveur du gouvernement anglais. Ce fut alors que lui vint une inspiration singulière. « Un jour il convoqua ses amis pour leur faire lecture du dernier de ses projets; et veut-on savoir quel était un des moyens qu'il voulait employer contre le jacobinisme? Il ne se proposait pas moins que de réunir en armée *tous les capucins d'Europe* et de faire entrer processionnellement en France cette armée portant la croix pour étendard (3). »

(1) Chateaubriand, *Mémoires d'Outre-Tombe*.

(2) *Le Courrier de Londres*.

(3) Discours du duc de Fitz-James à la Chambre des Pairs, 18 janvier 1827.

En même temps, il publiait un ouvrage physico-politico-philosophique, pour prouver que *le bleu* est la couleur de la vie, par la raison que les veines bleuissent après la mort, la vie venant à la surface du corps pour s'évaporer et retourner au ciel bleu...

Esprit plus pratique qu'il n'aurait semblé, Montlosier, voyant grandir l'astre du premier consul, accourut à Paris, accepta une pension, écrivit, par ordre du futur empereur, son livre de *la Monarchie française* qui contenait en germe la thèse qu'il devait développer plus tard dans son *Mémoire* et sa *Dénonciation* (1), et consentit même à rédiger, durant quinze mois, une correspondance secrète adressée personnellement à Napoléon.

Enfin le trône des Bourbons se relève. « Je n'apprends pas plutôt l'abdication de Fontainebleau et la présence d'un prince français sur le territoire, que je me jette à travers les armées amies ou ennemies pour lui apporter mon obéissance. Mais les bataillons armés sont plus faciles à traverser que les préventions des hommes; une muraille se trouve tout à

(1) « Le christianisme veut envahir toutes nos actions et nos pensées. Il ne se contente pas des préceptes, il impose des précepteurs. Il peut résulter de là un état d'obsession qui peut devenir extrême » (*De la Monarchie française depuis son établissement.* t. II, p. 55). » Nous voilà loin de « la Croix de bois! »

coup au-devant de moi. Plein de confusion, irrésolu, je tenais dans mes mains un livre saint dont je me sépare rarement. Il me rappela la servante des anciens temps ; elle aussi a été fidèle à son maître ; elle aussi l'a chéri et bien servi. Quand l'heure de l'infortune est arrivée, elle ne dit rien ; elle se retire avec sa cruche et son morceau de pain dans le désert (1). »

Ce serviteur si fidèle emporta, dans son désert de Randane, au lieu de la cruche d'Agar, la confirmation de son titre de comte et une pension du roi. Aux Cent-Jours, il salua l'empereur « comme l'astre à qui l'on devrait élever des colonnes. » Naturellement Louis XVIII ne goûta pas cette façon de se dévouer à propos à tout le monde et tint Montlosier à l'écart. Celui-ci bouda la cour qui le dédaignait et glissa peu à peu vers l'opposition qu'il avait pourtant si durement traitée dans son livre *de la Monarchie*, où il apostrophait les libéraux en ces termes : « Les atrocités de la Révolution ne sont pas dans le cœur de l'homme, mais dans le cœur de vos doctrines. »

Mais peu importait ; on lui pardonna tout son passé, dans l'espoir de tirer de lui très bon parti dans la guerre déclarée à l'Eglise. Dans le camp philistin, en face d'Israël, il fut réservé au rôle de Goliath.

(1) *Dénonciation aux Cours royales*, p. 46.

V

M. de Montlosier, flatté dans son orgueil, se jeta à corps perdu dans la lutte, pendant quatre ans s'agitant sur la brèche, frappant à tort et à travers, s'exposant lui-même à tous les coups. « Ses amis de droite, scandalisés, le désavouaient ; mais exalté par ses anciens adversaires de la gauche, il se grisait de cette popularité nouvelle et étrange qui faisait d'un féodal le héros favori de l'opposition démocratique (1). »

Gallican et dès lors l'ennemi de « la cour de Rome », janséniste et par conséquent plein de préventions haineuses contre les Jésuites, gentilhomme entiché de ses droits d'ancien régime et redoutant que le clergé ne regagnât, dans la société nouvelle, une influence que la noblesse avait perdue, Montlosier résuma d'abord ses griefs dans trois lettres (1824) que publia le *Drapeau blanc*, journal qui passait cependant pour avoir des attaches ministérielles. L'auteur y signalait « les empiétements du clergé », et l'œuvre occulte de la congrégation et des jésuites, « cette puissance mystérieuse qui prenait corps ou

(1) M. Paul Thureau-Dangin, *le Parti libéral*, p. 39).

devenait une ombre, selon que cela convenait à ses desseins. » Le *Journal des Débats,* avec son habituelle circonspection, déclara qu'une « contradiction manifeste et continue sur les hommes et sur les choses l'empêchait de bien saisir ce que voulait dire et à qui en voulait M. de Montlosier « Mais *le Constitutionnel* et *le Courrier* devinèrent du premier coup un précieux auxiliaire et l'accablèrent d'éloges. Se considérant désormais comme un prophète, le vieillard annonça qu'il regagnait ses montagnes, *afin d'écouter Dieu dans la solitude, et, à sa voix, sauver la patrie* (1) !

Il hésitait encore, en effet, sur le plan de campagne, lorsque survint un incident qui en décida et fournit à M. de Montlosier, dans la magistrature elle-même, une puissante alliée.

Deux journaux que nous venons de citer, *le Constitutionnel* et *le Courrier,* rivalisaient depuis longtemps de violence dans « leurs attaques systématiques contre la religion de l'Etat. » Le conseil des ministres se résolut enfin à les faire poursuivre, en vertu de l'article 3 de la loi du 17 mai 1822. Un réquisitoire énergique du procureur général inséré au *Moniteur* (20 août 1825), relevait trente-trois articles du *Constitutionnel,* comme constituant le délit

(1) *Le Drapeau blanc,* du 20 octobre 1825.

prévu par la loi. Mais, dès le lendemain, M. Séguier, président de la Cour royale, remettait l'affaire au mois de novembre. Le motif donné était la proximité des vacances judiciaires; l'opinion publique y vit l'indice de dispositions favorables aux prévenus.

Lorsque au mois de décembre suivant, le débat s'engagea, ces prévisions se réalisèrent. Ce procès devint un événement qui passionna la foule. M. Dupin qui plaidait pour *le Constitutionnel*, au lieu de défendre ce journal, déclama contre les Jésuites et l'ultramontanisme. M. Mérilhou, l'avocat du *Courrier français*, ancien *carbonaro*, voltairien notoire, n'en prit pas moins la défense de la religion de Bossuet et de saint Louis, « ce prince qui fut grand parmi les grands rois. » — « Il est visible pour tous les yeux, ajoutait cet habile homme, que l'intérêt des Jésuites a seul dicté cette poursuite. Le jésuitisme, dont on veut, et pour cause, exiler le nom de ce procès, domine sur toutes les parties de l'accusation. »

Le 3 décembre 1825, la première et la troisième Chambre réunies sous la présidence du baron Séguier, renvoyaient *le Constitutionnel* des fins de la poursuite dirigée contre lui; deux jours après, *le Courrier* obtenait le même bill d'indemnité. Les magistrats fondaient leur décision sur ce prétexte que ce n'était pas offenser la religion que de combattre *les doctrines ultramontaines* professées depuis quelque temps par une partie du clergé français, et *dont la propagation pourrait mettre en péril les libertés civiles et religieuses de la France !*

Cet arrêt fut un réel service rendu à l'opposition ; M. de Montlosier, qui en recueillit l'écho dans ses montagnes, cessa d'interroger le ciel et mit tout son espoir dans la Cour royale. Mais, avant de saisir la justice de la question, il crut utile de passionner davantage encore l'opinion publique. Ce fut le but de son *Mémoire à consulter*, qui valut à l'auteur, de la part du *Journal des Débats*, le titre de *Flambeau de la France !* On fit à ce livre un succès de scandale ; on y grava le portrait de l'illustre écrivain, et s'il faut en croire M. de Montlosier, dans l'espace de deux mois, plus de cent mille lecteurs portaient la publication de son ouvrage jusqu'à la septième édition (1). Chose assez naturelle, mais qu'il est bon de noter en passant, les survivants du jansénisme, l'abbé Tabaraud, dans son *Histoire de l'Assemblée du clergé de 1682*, l'abbé Guillon, sous le pseudonyme de *Basilidès*, Lanjuinais, dans la *Revue encyclopédique*, unissaient leurs éloges à ceux de la presse incrédule et libérale.

M. de Montlosier fit éclore une foule d'imitateurs

(1) *Dénonciation*, p. 8.

exagérant ses défauts, sans avoir la moindre de ses qualités, *imitatorum servum pecus.* Un jeune homme, nommé Martial Marcet, et qui se faisait appeler de la Roche-Arnaud, publiait un infâme libelle, qu'il devait désavouer plus tard (1). On multiplia, à l'usage du peuple, les brochures à cinq et à six sols. C'était *la conspiration des Jésuites dévoilée par M. Montlosier* (extrait *du Mémoire*); *Maximes et pensées des Jésuites* (extrait des *Provinciales*); *le petit Jésuite*, par Rabau; *les Jésuites peints par eux-mêmes; Voltaire et un Jésuite*, dialogue aux enfers; *le Miroir des Jésuites,* qui ne coûtait que deux sols et ne valait certainement pas davantage. Dans un petit poëme intitulé : *la Missionide,* un aimable « Jacobin de vingt-deux ans » exprimait en vers le vœu de voir exterminer au plus tôt tous les missionnaires et tous les Jésuites. C'était *la queue* de Montlosier.

La logique exigeait qu'on en vînt vite au fait. A Rouen, la mission fut troublée par de graves désordres et l'archevêque lui-même fut exposé aux insultes de l'émeute. M. de Montlosier ne manqua pas de donner tort aux missionnaires. « Comment un préfet qui n'est pas tout à fait stupide, écrivait-il à

(1) *Les Jésuites modernes, pour faire suite au Mémoire de M. de Montlosier.*

cette occasion, a-t-il pu se dispenser, aussitôt que ces prétendus apôtres lui sont arrivés, de les faire mettre bien commodément et bien respectueusement dans de bonnes chaises de poste, pour les reporter aux lieux qui les avaient envoyés? Certainement il vaut beaucoup mieux être tout miel et tout lait que d'avoir, comme le commun des hommes, du sang et de la chair. Mais, à moins d'être parfait *comme notre Père céleste est parfait*, le moyen de tenir à la rage d'une classe d'hommes qui pourrait si facilement et si utilement aller exhaler leurs feux chez les païens des nations étrangères, et qui préfèrent porter l'incendie au milieu de nous (1)? »

Disons-le à l'honneur de la presse religieuse et conservatrice, sous la Restauration elle ne faillit pas plus à son devoir qu'elle ne fait aujourd'hui. A toutes les calomnies elle opposa des réfutations triomphantes. *L'Ami de la Religion, la Quotidienne, l'Etoile, le Journal de Paris, l'Aristarque, le Mémorial catholique, les Tablettes du clergé, la Gàzette de France*, etc., prirent généreusement la défense des persécutés. A la suite du vicomte de Bonald, d'autres écrivains de moindre renom, d'un dévouement égal, M. Saintes, M. Bellemare, etc., réfutèrent M. Montlosier avec beaucoup de verve et

(1) *Dénonciation*, préface, xl, xlj.

d'esprit. Dans la presse libérale, un seul journal, *le Globe*, eut le courage de désobéir au mot d'ordre. Fondé en 1824, il était rédigé par des hommes qui presque tous se sont fait une réputation dans les lettres : Dubois (de Nantes), Pierre Leroux, Jouffroy, Vitet, Ampère, Patin, Duvergier de Hauranne, M. de Rémusat... Dès le 26 juillet 1825, dans un article intitulé : *De la liberté religieuse et des nouveaux convertis*, le rédacteur en chef de cette feuille soutenait énergiquement pour les religieux les droits accordés à tous les autres citoyens français. « Réclamer, disait-il, comme le font quelques journaux, l'exécution des arrêts parlementaires contre les Jésuites, c'est ne pas comprendre la liberté, disons mieux, c'est se rendre coupable de *jésuitisme*. » *Le Globe* ne se faisait aucune illusion sur le libéralisme de fraîche date qu'affichait M. de Montlosier; il se demandait si le vieil aristocrate ne poursuivait pas le prêtre avec tant de rigueur, parce qu'il voyait en lui un clerc rebelle au château.

Le 16 juin 1826, un décret de la Congrégation de *l'Index*, confirmé le jour suivant par Léon XII, condamnait *le Mémoire à consulter*. Mais M. de Montlosier, qui avait défendu la royauté contre le roi, n'en continua que de plus belle à défendre l'Église contre le Pape. Juste un mois après cette solennelle désapprobation, il déposait au greffe de la Cour royale de Paris, « pour l'information de M. le premier président et celle de MM. les conseillers de ladite Cour, et au parquet pour l'information de M. le Procureur général, une *Dénonciation aux cours royales relativement à un système religieux et politique signalé dans le Mémoire à consulter.* »

Comme il n'était rien moins qu'un jurisconsulte, il sollicita en même temps l'appui du barreau. M. Dupin, l'hôte du P. Loriquet, avec lequel, à cette même époque, il entretenait une aimable correspondance (1), n'osa refuser sa signature à une consultation dirigée contre ses confiants amis de Saint-Acheul. Bon nombre d'avocats de Paris et des barreaux de province suivirent son exemple. D'autres eurent plus de logique ou de courage : M. Devaux, député de la gauche, au nom du barreau de Bourges, se déclara pour la liberté. Tout au plus croyait-il que « la correspondance avec un souverain étranger » pouvait fournir des armes contre les Jésuites (2). Il était facile de répondre que le supérieur de la Compagnie de Jésus était *un général* sans ar-

(1) M. Dupin écrivait au P. Loriquet, le 29 avril 1826 : « Chrétien de cœur, je suis peu au fait de l'histoire ecclésiastique du dix-huitième siècle, *égaré d'ailleurs par la tradition parlementaire...* » (*Vie du P. Loriquet*, p. 231.)

(2) L. de Viel-Castel, *Histoire de la Restauration*, t. XV, ch. CXI.

mée ni artillerie, qu'il n'était d'aucune manière *un souverain*, et que rien n'interdisait à un Français de correspondre avec *un étranger;* qu'à ce compte, tous les religieux, ayant également leurs généraux à Rome, tomberaient sous la même interdiction et que trente millions de catholiques se verraient privés du droit de se mettre en relation avec le chef suprême de la chrétienté, sous le beau prétexte qu'il ne réside pas à Paris! C'est puéril, et pourtant M. Jules Ferry n'a rien trouvé de plus solide pour étayer son *Exposé des motifs.*

VI

Magistrats et avocats avaient une tâche ingrate et pénible, lire deux volumes de M. de Montlosier, chacun de plus de trois cents pages, l'un, *le Mémoire à consulter*, écrit en style d'oracle, l'autre, *la Dénonciation*, moins emphatique dans la forme, mais, pour le fond, identique au premier.

Ce serait mettre à une trop rude épreuve la patience du lecteur que d'analyser au long ces deux ennuyeux pamphlets. Qu'il suffise de dire que M. de Montlosier y dénonçait « un système résultant *des quatre fléaux* suivants : 1° un ensemble de congrégations religieuses et politiques répandues dans toute la France ; 2° divers établissements de la société *odieuse et prohibée* des Jésuites ; 3° la profession patente ou plus ou moins dissimulée de *l'ultramontanisme;* 4° l'esprit d'envahissement des prêtres résultant de leurs empiètements continuels sur l'autorité civile, ainsi que d'une multitude d'actes arbitraires et tyranniques exercés sur les fidèles (1). »

En un mot, comme le disait spirituellement le

(1) *Dénonciation*, p. 276.

vicomte de Saint-Chamans (1), « il n'y avait plus rien à redouter en France que l'excès de la religion et de la piété. »

M. de Montlosier dont le génie était ami du paradoxe, admirait volontiers les vertus des prêtres dont il exigeait la proscription ; mais il pensait que, plus ils étaient pieux, plus il fallait s'en garder. « Encore, si c'étaient de ces prêtres de l'ancien régime, *espèces d'abbés* je ne dirai pas sans sacerdoce, mais au moins sans ministère... ; mais ce sont, au contraire, nos prêtres les plus fervents, ce sont le plus souvent des modèles de sainteté (2). »

Aussi, combien il en coûte à son bon cœur d'être réduit à sévir contre eux ! « Ah ! qu'ils (les Jésuites) me plaignent aussi ! En vérité, Chimène ne fut pas plus malheureuse des offenses qu'elle faisait à son amant. Je me sens comme elle partagé et brisé. Mes paroles sont dures ; j'en souffre ; et pourtant, frappé comme je le suis, des dangers de mon roi, de ma religion (menacée par *des modèles de sainteté...*), de ma patrie, j'ai peur qu'elles ne le soient pas assez. Comme ceux-là m'ont mal compris, qui ont pensé que j'avais de la haine ! En m'adressant *à toute cette*

(1) *Du croque-mitaine de M. le comte de Montlosier...* Paris, Dentu, 1826.

(2) *Mémoire à consulter*, p. 216.

troupe sainte que j'offense, je pourrais m'écrier comme l'amante de Rodrigue : *Va, je ne te hais pas!* Qu'on me dise pourtant, auprès de ces hommes sous un rapport si bons et si purs, sous un autre si dangereux et si menaçants, ce que je dois être, ce que je dois faire. O mon Dieu! dites-moi vous-même ce que je dois faire auprès de *ce spectacle nouveau et hideux de la dépravation dans le bien et de la difformité dans le beau* (1)... »

M. de Montlosier va plus loin encore : « Oh! si jamais votre destinée vous amène dans cette montagne sujette aux orages et éloignée de toute habitation, ne craignez pas d'aborder mes bâtiments rustiques et de venir rompre avec moi... *non pas des lances*, mais le pain de l'hospitalité. Soyez sûr que vous y trouverez non-seulement abri et asile, mais que mon fils et *toute ma tribu* iront au-devant de vous, vous offrir leur respect. A cet égard, que ma nouvelle pauvreté ne vous effraie pas trop; j'ai du pain noir en abondance, et mes troupeaux donnent du lait excellent (2). »

Et cependant, il leur préfère les Cosaques. « M. de Bonald se plaint qu'un parti redoute plus de voir revenir les Jésuites en France qu'il ne redou-

(1) *Dénonciation*, préface, p. lxiij.
(2) *Dénonciation*, p. 35.

terait de revoir les Cosaques au milieu de Paris. *Je suis de ce parti* (1). »

De bonne foi, en lisant ces belles choses, gardaient-ils leur sérieux, ces graves magistrats, ces spirituels avocats auxquels M. de Montlosier dénonçait, sous le nom de Jésuites et de parti-prêtre, les fantômes qui hantaient son imagination malade?

Evidemment non ; personne, ni à la Cour, ni au parquet, ni au barreau, ni dans la presse, ni dans le public tant soit peu intelligent, personne ne croyait au danger que signalait avec tant de fracas le fanatique vieillard. La preuve en est dans l'arrêt lui-même rendu, le 18 août 1826, sous la présidence de M. Séguier.

D'après les indiscrétions des journaux du temps (2), le procureur-général, M. Jacquinot-Pampelune, avait requis la Cour de déclarer qu'il n'y avait pas lieu à délibérer. Sa discussion avait duré près de cinq heures. Sur cinquante-quatre membres présents, dix-sept furent d'avis que la Cour prononçât purement et simplement son incompétence sans aucun considérant ; sept votèrent pour qu'elle se déclarât compétente ; trente adoptèrent l'arrêt par lequel la Cour, tout en reconnaissant son incompétence, invoquait, dans les considérants, les disposi-

(1) Préface, XXXI.
(2) *Ami de la Religion*, 23 août 1826.

tions, arrêts et édits antérieurs à la Révolution, la loi du 18 août 1792, le décret du 3 messidor an XII, etc...

Nous n'avons pas à discuter ici la doctrine de cet arrêt, à faire ressortir cette bizarrerie juridique qui recherchait l'état actuel de la législation partout, excepté dans les Codes récemment promulgués ; le sens ambigu, équivoque de ce désistement en faveur de la haute police du royaume, chargée par suite de poursuivre, rechercher un délit que la Cour se déclarait désarmée pour punir. Nous aurons l'occasion de revenir sur l'importante question de l'existence légale des congrégations religieuses, en racontant les graves débats auxquels donna lieu, devant la Chambre des pairs, la *pétition* du comte de Montlosier.

Ce qu'il importe de retenir, c'est, d'une part, l'aveu d'incompétence fait par les magistrats, et d'autre part, cette déclaration expresse que sur « les faits exposés audit écrit (la *Dénonciation*), quelle que puisse être leur gravité, ces faits, tels qu'ils sont présentés, ne constituaient ni crime, ni délit qualifiés par les lois dont la poursuite appartient à la Cour. »

Evidemment, ce n'était point là ce qu'avait voulu M. de Montlosier ; on dirait même qu'il avait quelque pressentiment de son peu de succès ; car, dès la préface de la *Dénonciation*, il annonçait ce qu'il entendait faire, au cas où l'on annulerait ses efforts :

« La marche que je tiens en ce moment, écrivait-il, n'aurait plus alors pour dénouement des arrêts de Cours royales; *elle provoquerait infailliblement les pétitions d'un million de citoyens*, et à la suite de ces pétitions, une adresse respectueuse au roi de la part des deux Chambres. »

M. de Montlosier estima sans doute que son nom en valait un million d'autres; car il fut seul à signer sa pétition à la Chambre des pairs.

VII

Comment l'indigeste pamphlet de M. de Montlosier eut-il le privilége d'occuper, deux ou trois années durant, l'attention du public, de servir de thème favori aux déclamations des journalistes, aux consultations des avocats, aux arrêts des cours royales, c'est un problème difficile à résoudre. Volontiers nous dirions, avec l'auteur lui-même, que *la société* était alors *ensorcelée;* ce qu'exprimait mieux encore je ne sais quel brave Vendéen de ce temps-là, qui s'écriait naïvement: « *Les choses rêvent aujourd'hui!* »

On rêvait de fantômes: on pourchassait des ombres; dès qu'il était question de parti-prêtre et de Jésuites, on était saisi d'un affreux cauchemar. Qui ne sait qu'à toutes les époques ce curieux état pathologique s'observe chez un grand nombre de gens simples et même de gens d'esprit?

Et cependant il eût suffi d'ouvrir les yeux, pour qu'aussitôt toute la fantasmagorie s'évanouît; on s'en gardait bien! Ce qu'on ne fit pas alors, tâchons de le faire aujourd'hui; avant d'aller plus loin, cherchons à nous rendre un compte exact de la situation des Jésuites en France, sous la Restauration. Quel était leur nombre? Quelles étaient leurs œuvres! Combien possédaient-ils de maisons, de colléges? Sur quel terrain légal se trouvaient-ils placés?

Soixante ans s'étaient écoulés depuis que la Compagnie de Jésus avait succombé sous la coalition des jansénistes et des courtisans de Mme de Pompadour. De ce régiment supprimé pour cause de valeur, il ne restait plus que quelques vieillards échappés par miracle à la tourmente révolutionnaire ou aux fatigues de l'exil. Plusieurs, comme le P. de Clorivière, futur provincial en France de la Compagnie restaurée, avaient subi l'épreuve d'une dure captivité. Sortis de leur prison ou revenus dans leur patrie, ils avaient repris, avec toute l'ardeur de leurs jeunes années, les œuvres multiples d'un humble et pénible apostolat. Aussi étaient-ils partout estimés pour leur savoir, leur zèle et leur sagesse, et salués avec respect du nom d'*anciens Jésuites* (1). La Révo-

(1) Dans une lettre confidentielle, écrite par Mgr d'Osmond, évêque de Nancy, au conseiller d'Etat Portalis (4 nivose an XII, 24 décembre 1804), le digne prélat s'exprimait ainsi: «Lorsque j'ai été envoyé pour administrer en chef ce vaste diocèse, j'ai dû porter mes regards avec un intérêt particulier sur quelques vieillards échappés comme par miracle à des persécutions inouïes; dans ce monde trop restreint, se trouvaient vingt Jésuites. La vénération dont ils étaient entourés commandait la mienne; mais combien ils l'ont aug-

lution, dont plusieurs avaient été victimes, avait cependant rendu un hommage éclatant à ces persécutés. En 1790, à propos d'une pension que l'Assemblée nationale accordait aux religieux, un amendement fut voté, à la presque unanimité, dans le but

mentée par les vertus dont ils m'ont rendu l'heureux témoin ! Jamais je n'ai vu un zèle semblable à celui qu'ils déploient partout. Soixante-dix-sept et soixante-dix-huit ans ne sont pas un obstacle à l'occupation d'une église succursale dépouillée de tout, qui bientôt se répare par leurs soins industrieusement distribués entre le temple et ceux qui le fréquentent. Tous, ils ont une inflexibilité, une douceur insinuante qui les rend aussi faciles à gouverner que propres à diriger ceux qu'ils administrent, ou plutôt qu'ils servent comme les membres de Jésus-Christ. La voix des supérieurs est la seule qu'à tout âge ils écoutent, et chez eux ce n'est pas parce qu'il manquent de connaissances, c'est parce qu'ils en ont beaucoup. Je me plais à suivre particulièrement l'activité communicative du Père Munier (il mérite d'être nommé), qui sous les livrées de la misère, sans ressources personnelles, après avoir alimenté 108 prêtres pendant sa propre captivité, trouve encore dans la charité publique qu'il provoque habilement, les moyens nécessaires pour fournir des messes à celui-ci et des libéralités à celui-là; pour distribuer du pain aux pauvres honteux, soutenir des hôpitaux de campagne, fonder de petites écoles, payer des pensions pour des enfants, ériger des monuments pieux, décorer des autels, faire fondre des cloches, etc... Le tout sans cesser de se transporter lui-même à pied dans des villages éloignés, où il peut aider ou suppléer un prêtre infirme. Car rien n'est négligé par son prévoyant amour du bien... Daigne la Providence pour le bien de l'humanité prod'accorder aux Jésuites le même secours annuel (1). « Parmi les cent mille vexations de l'ancien gouvernement qui a pesé sur la France, s'écria l'abbé Grégoire, on doit compter celle qui a été exercée sur un ordre célèbre, sur les Jésuites; il faut les faire participer à votre justice. » Et le protestant Barnave disait à son tour : « Le premier acte de la liberté naissante doit être de réparer les injustices du despotisme. Je propose une rédaction de l'amendement en faveur des Jésuites (2). »

Lorsqu'en 1815, le prince de Talleyrand, président du conseil, dut proposer au roi Louis XVIII les moyens les plus efficaces de fermer l'ère des révolutions, le grand politique fit taire les préventions de l'évêque apostat. « Sire, dit-il, Votre Majesté espère se maintenir aux Tuileries; il importe donc de

longer les jours de ceux qui subsistent encore!» — M. Portalis, après quelques phrases banales sur « le temps qui crée et qui détruit, qui forme et dissout toutes les institutions, » remercie l'évêque « des renseignements honorables qu'il lui a donnés sur les prêtres autrefois jésuites qui exercent avec tant de sagesse et de vertu les fonctions du sacerdoce dans ce diocèse. » (*La minute de la lettre et l'original de la réponse se trouvent aux archives de l'évêché de Nancy.*)

(1) La pension était, selon la situation des personnes, de 700 à 1,200 livres.

(2) *Moniteur* du 20 février 1790, n° 51. — Bulletin de l'Assemblée nationale. Séance du vendredi 19 février au matin.

prendre ses précautions. Une sage et forte éducation peut seule préparer les générations nouvelles à ce calme intérieur dont chacun proclame le besoin. Le remède le plus efficace pour y arriver sans secousse, c'est la reconstitution légale de la Compagnie de Jésus. » Ce conseil ne fut pas suivi ; l'ordre de saint Ignace, que le saint pape Pie VII venait de ressuciter « pour répondre aux vœux unanimes du monde catholique (1), » ne reçut, en France, aucune faveur officielle ; la loi ne lui conféra aucun des priviléges dont jouissaient, sous l'ancien régime, les congrégations religieuses. Aussi bien, les nouveaux Jésuites ne les réclamaient pas, se contentant des droits imprescriptibles garantis par la Charte à tous les citoyens. Leur rétablissement eut lieu sans fracas, comme sans mystère. Autour des vétérans, dépositaires des traditions, vinrent se grouper quelques prêtres connus déjà par leurs œuvres de zèle, quelques jeunes gens dont plusieurs avaient quitté l'uniforme pour la soutane et l'épée pour la croix.

(1) Bulle *Sollicitudo omnium Ecclesiarum*, du 7 août 1814.

VIII

On se ferait difficilement une idée de ce que ces commencements eurent de laborieux et de précaire. La pauvreté religieuse qui retranche tout superflu fit souvent place à la misère qui ne laisse pas même le nécessaire ; on souffrait gaiement, non sans sourire des fantastiques récits dont certains journaux amusaient leurs crédules lecteurs (1).

Après dix années d'existence, les progrès étaient bien humbles et ne pouvaient raisonnablement donner quelque ombrage. Il y avait en France, environ quatre cents Jésuites, et dans ce nombre une centaine de prêtres. Ils occupaient douze maisons, à savoir quatre résidences de missionnaires et huit

(1) Un jour (13 août 1819), le *Constitutionnel* se donna la peine de décrire le palais que les Jésuites, disait-il, avaient bâti au village d'Ecole, près Besançon, au prix de 400,000 francs ; c'était de là qu'ils dirigeaient les élections. Malheureusement il n'y avait alors pas une seule maison de Jésuites en Franche-Comté. Une autre fois (avril 1825), le même journal annonça que les Jésuites avaient acheté 1,100,000 francs l'ancienne abbaye du Mont-Saint-Martin, près de Saint-Quentin ; la fable fut aussitôt démentie par le notaire chargé de la vente ; mais on se garda bien de publier sa lettre.

petits séminaires (1). C'est là qu'ils se dévouaient sans ostentation, sans bruit, à l'étude, à la prédication, à l'enseignement de la jeunesse. Quelle ne fut pas leur surprise, quand tout-à-coup ils virent leurs modestes demeures — deux surtout, — s'embellir d'une réputation légendaire! En réalité, qu'était-ce donc que le noviciat de Montrouge et le Petit-Séminaire de Saint-Acheul?

Quand la diligence qui faisait le service d'Orléans à Paris, arrivait à la hauteur de Montrouge, le conducteur ne manquait guère de dire aux voyageurs : « Regardez, Messieurs, cette vaste plaine, ce parc immense, ce grand village, tout cela est aux Jésuites. Cette tour qui s'élève au milieu (c'était le clocher de

(1) Voici l'état officiel des personnes et des maisons qui représentaient en France la Compagnie de Jésus, en 1824-1825:

Prêtres	116
Novices et étudiants	177
Frères coadjuteurs	98
	391

Ce chiffre monte, l'année suivante, à 476, mais il retombe à 436, en 1827.

Les *résidences* étaient celles de Paris et de Laval, avec les noviciats de Montrouge et d'Avignon. Les petits séminaires confiés par les évêques aux jésuites ne dépassèrent jamais le nombre de huit : en 1814, Saint-Acheul (Amiens), Bordeaux, Soissons, Montmorillon (Poitiers); en 1815, Sainte-Anne-d'Auray (Vannes); en 1816, Forcalquier (Digne); en 1822, Aix; en 1823, Dôle (Saint-Claude); en 1826, Billom (Clermont). — Dès 1817, les Pères s'étaient retirés de Soissons.

l'église paroissiale) est armée de je ne sais combien de canons qu'ils y ont mis pour se défendre. »

Les gens bien informés attestaient que trois mille Jésuites, armés jusqu'aux dents, gardaient ce château fort; que leur général y habitait en personne, et, par les sinuosités d'un long souterrain, parvenait jusqu'aux Tuileries pour y faire la leçon au roi. C'est du moins ce que racontaient, avec maints documents à l'appui, les intéressants pamphlets intitulés: *l'antidote de Montrouge*, *le Huron de Montrouge*, etc. Le plan fantastique de Montrouge s'étalait en miniature sur la tabatière des bourgeois sérieux; les enfants le contemplaient avec une curiosité mêlée d'effroi sur leurs boîtes de dragées et en épelaient le nom dans les devises rimées que cachaient les papillottes de bonbons. Grâce à ces ingénieux moyens de publicité, la renommée de Montrouge remplit bientôt l'Europe entière et pénétra même jusqu'aux Indes orientales, comme pour embellir d'une nouvelle merveille les contes des Mille et une nuits.

Après la fable, voici l'histoire. Le modeste enclos où les novices de la Compagnie de Jésus s'étaient établis en 1818, occupait à peine l'espace de trois arpents, y compris la maison et ses dépendances, une cour, une écurie, un hangar et un jardin. Le bâtiment (1) n'avait qu'un seul étage et au-dessus quelques mansardes. Une très-petite chapelle, pauvre, mais d'une exquise propreté ; un jardin dont le terrain sablonneux produisait des pommes de terre et quelques légumes; au fond, une maisonnette composée de quatre ou cinq cellules et qu'on nommait *Mont-Serrat*, en souvenir de saint Ignace : telle est l'exacte et prosaïque description de ces lieux ridiculement célèbres, qui, d'abord bergerie d'un boucher de Paris, puis pensionnat d'un abbé Bernard, étaient devenus un noviciat de la Compagnie de Jésus.

Cette maison de solitude et de prière, habitée par de jeunes religieux que dirigeait un saint et prudent vieillard, le P. Jean-Baptiste Gury, reçut un jour la visite d'un grand seigneur russe, qui ne voulait pas retourner à Saint-Pétersbourg sans avoir vu de près la citadelle de Montrouge. Après avoir tout examiné, le noble étranger, furieux d'avoir été mystifié à ce point par les feuilles libérales, se retira en criant à plusieurs reprises: « *Oh! les coquins, les coquins de journaux!* »

La plupart des pieux cénobites de Montrouge sont

(1) Il formait un équerre dont un des côtés, donnant sur la rue, avait environ 72 pieds de longueur sur 12 de profondeur ; l'autre côté mesurait quelques pieds de plus.

morts, connus seulement de Dieu qu'ils servaient et des âmes auxquelles ils se sont dévoués. Quelques-uns d'entre eux ont laissé une mémoire vénérée, tels le P. de Mac-Carthy, le P. de Ravignan, le P. Arthur Martin, artiste et archéologue, le P. François Lambillotte, le P. Brumauld de Beauregard, etc.

IX

Le petit séminaire de Saint-Acheul s'était ouvert en 1814, dans les bâtiments dévastés d'une antique abbaye, premier berceau de l'église d'Amiens. Dès le début, les enfants des familles chrétiennes y affluèrent de tous les points de la France et leur nombre s'éleva jusqu'à neuf cent cinquante. Dans les catalogues qui sont sous nos yeux, les noms plébéiens se mêlent aux plus grands noms de la France et de l'étranger. A Saint-Acheul, les études étaient florissantes, la piété surtout en honneur (1). D'ailleurs, voici le témoignage que, dans une supplique adressée au roi en 1828, quatorze cents notables habitants d'Amiens rendaient à cette grande école chrétienne.

« 1° L'établissement de Saint-Acheul verse annuellement dans la ville et la commune d'Amiens un capital qui excède huit cent mille francs, source qui va être tarie;

2° L'établissement de Saint-Acheul allége les bu-

(1) On peut lire à ce sujet d'édifiants détails dans l'opuscule intitulé : *La Congrégation de la très-sainte Vierge à Saint-Acheul* (1815-1828), par le P. Ch. Clair, de la Compagnie de Jésus. (Paris, E. Baltenweck, 1877.)

reaux de bienfaisance par ses abondantes aumônes. Cette maison délivre par an au moins cinquante-deux mille livres de pain aux pauvres, sans parler des vivres et des vêtements qui se distribuent chaque jour aux portes de la maison;

3° L'établissement de Saint-Acheul nourrit et élève gratis cinquante à soixante enfants, sans parler encore de plus de deux cents autres qui ne paient qu'une très faible partie du prix de la pension;

4° Chacune des classes de Saint-Acheul adopte une ou plusieurs familles pauvres, dont elle est la seule ressource et qu'elle assiste à domicile;

5° L'établissement de Saint-Acheul et des autres maisons des Jésuites rend doublement tributaires de la France mille familles étrangères qui leur envoient leurs enfants et leur or de tous les points du globe. De là, des rapports de toute espèce ouverts avec l'étranger. »

Dans une visite que M. Dupin fit à Saint-Acheul, au mois d'août 1825, il s'était écrié, plein d'admiration : « Si j'avais un fils, il serait demain à Saint-Acheul. » Fêté, chanté, applaudi, « comme le premier avocat de la première cour du royaume, » le rigide gallican avait versé de douces larmes. « Je vois, avait-il dit avec émotion aux neuf cents élèves assemblés, que Saint-Acheul est justement célèbre; l'éducation qu'il vous donne ne peut avoir que d'heureux succès, parce qu'elle est fondée sur la vérité, c'est-à-dire sur la religion, hors de laquelle il n'y a point de salut, parce qu'elle seule est la vérité..... Oui, comme une autre Cornélie, cette maison pourra se glorifier de tels enfants : elle pourra les montrer avec une égale confiance à ses amis et à ses ennemis.»

Et de retour à Paris, il racontait avec complaisance les détails de cette agréable visite : « J'ai partagé vos préventions ; j'ai raillé, j'ai sifflé comme vous, ce que je ne connaissais pas mieux que vous. Aujourd'hui c'est autre chose ; j'y ai été, j'ai vu, je suis convaincu. »

L'année suivante, M. Dupin étant venu de nouveau dîner à Saint-Acheul et ayant porté le cordon du dais à la procession du Saint-Sacrement, le jour de la fête du Sacré-Cœur, écrivit au recteur, le P. Loriquet, un billet affectueux où il déclarait « emporter avec lui le souvenir des plus douces émotions qu'il eût éprouvées de sa vie, etc. »

Hélas ! le bon M. Dupin n'était rien moins qu'un héros. Epigrammes et quolibets fondirent sur lui de toutes parts ; pour s'abriter contre ces coups d'épingle très-sensibles à son amour-propre, il s'empressa de signer la *Dénonciation* de Montlosier... Ses *amis* les Jésuites ne lui en gardèrent pas rancune, et quand il mourut, à deux pas de leur maison de la rue de

Sèvres, l'un d'eux se trouva à son chevet pour l'absoudre et le bénir, c'était un ancien élève de Saint-Acheul.

Sans faire autant de bruit, les sept autres petits séminaires dirigés par la Compagnie de Jésus sous l'autorité des évêques, servaient de refuge à l'éducation chrétienne, alors si compromise, et tous méritaient l'éloge qu'un illustre prélat, le cardinal de Bausset, faisait de l'un d'eux : « Bien peu d'années ont suffi à votre maison pour opérer de grands biens, ecrivait-il, en 1819, aux directeurs du petit séminaire de Sainte-Anne. Son utile influence ne s'est pas renfermée dans les limites du diocèse qui l'a vu naître. Elle s'est déjà étendue à une grande partie de la Bretagne. Cet établissement est appelé à rendre des services inappréciables à toutes les classes de la société par le bienfait d'une éducation vertueuse, appropriée à toutes les conditions. »

X

Tel n'était pas l'avis de M. de Montlosier. Selon lui, les Jésuites étaient « sans utilité comme corps enseignant ; » car, disait-il, « nous avons assez de nos écoles et de nos universités. » Mais surtout il estimait qu'ils étaient « sans utilité comme corps religieux : nous avons assez de nos curés et de nos évêques (1). » Les évêques et les curés, mieux au fait des vrais intérêts de l'Eglise, protestaient, au contraire, que les Jésuites et les autres religieux leur étaient d'indispensables auxiliaires, pour ranimer la foi presque éteinte et ramener le peuple à la pratique chrétienne, surtout à l'aide des missions.

Les missions et les missionnaires ! Voilà précisément contre quoi s'indignait davantage M. de Montlosier. « Le grand vice des missions a été, disait-il, *de porter la vie chrétienne dans la vie dévote.* J'ai observé quelques villes au moment des missions. Dès qu'elles s'annoncent, les spectacles sont interdits; les jeûnes, les abstinences, les quatre-temps, les vigiles, l'avent, le carême rigoureusement observés ; et non-seulement les pratiques commandées, mais

(1) *Mémoire à consulter*, p. 135.

celles mêmes qui appartiennent le plus à la vie dévote sont mises en vigueur (1) ». Evidemment il y avait là un immense danger pour l'État; des gens dévots ne sauraient être de bons citoyens. Tout au plus M. de Montlosier eût-il compris de pareilles manifestations religieuses « au moment du concordat de 1801. — Si celui qui était alors à la tête des choses avait pensé à faire faire des missions pour ramener la France à la religion et aux sentiments religieux, il avait un beau prétexte dans cet amas d'ordures que les orgies révolutionnaires avaient accumulées; il aurait ainsi, nouvel Hercule, nettoyé la France, beaucoup plus sale alors que les étables d'Augias. C'est ce qu'il n'y fit pas (2). »

Tout au contraire, c'est ce que Napoléon fit ou du moins laissa faire. Par un décret du 7 germinal an XIII, l'empereur avait confié au cardinal grand aumônier l'organisation et la direction de tous les établissements consacrés aux missions, sous quelque dénomination que ce fût, et accordé à ses instances le rétablissement des prêtres de Saint-Lazare, du séminaire du Saint-Esprit et du séminaire des Missions Étrangères. En 1806, le gouvernement mettait à la disposition de Mgr de la Tour du Pin la somme de trois mille francs pour subvenir aux frais des

(1) *Mémoire*, p. 190.
(2) *Mémoire*, p. 156.

missions que ce saint prélat prêchait avec le plus grand succès (1). M. Portalis dans un rapport adressé la même année à l'empereur, faisait en ces termes l'éloge de cette œuvre apostolique : « Depuis longtemps les missions sont connues dans l'Eglise et elles y font un grand bien. Les pasteurs locaux n'ont pas toujours les moyens de s'accréditer dans leurs paroisses ; mais indépendamment de tout fait particulier, il résulte de la commune expérience qu'il est des désordres auxquels les pasteurs ordinaires ne peuvent porter remède... Les missions ont produit, en différentes occurrences, des effets aussi heureux pour l'Etat que pour la religion (2). » Touché de ces motifs, Napoléon avait sinon protégé, du moins toléré ces prédications si utiles à la renaissance religieuse ; mais, plus tard, irrité de la résistance que Pie VII opposait à ses ambitieuses prétentions, il anéantit d'un seul coup (3), avec les trois congrégations religieuses que nous avons nommées, l'œuvre des missions, courageusement défendue par le cardinal Fesch.

(1) *Vie du T.-R. P. Rauzan, fondateur et premier supérieur de la Société des Missions de France*, par le R. P. Delaporte, p. 55.

(2) Rapport de M. Portalis, du 4 août 1806. — Cité par Crétineau-Joly, *Hist. de la Comp.*

(3) Décret du 26 décembre 1809.

A la chute de l'empire, l'Eglise usa du peu de liberté qu'on lui laissait pour reprendre un apostolat qui, notamment en France, avait été de tout temps en honneur (1). *La société des missions de France* fut fondée par un saint prêtre, M. Rausan, secondé par l'abbé Legris-Duval, M. de Forbin-Janson, M. Guyon, etc. Les Pères de la Compagnie de Jésus ne furent donc ni les premiers ni les seuls à prêcher des missions; le péril, — car il y avait souvent péril, — fut partagé par beaucoup d'autres. Mais peu importait aux meneurs de la campagne anti-religieuse; ils trouvèrent commode et profitable d'envelopper dans la dénomination commune de *Jésuites* tous ceux qui avaient l'audace de prêcher Jésus-Christ en pays chrétien.

Laissons Lamennais faire justice des calomnies dont furent alors poursuivis les missions et les missionnaires. « Je ne perdrai pas le temps à réfuter les ridicules imputations dont quelques écrivains nourrissent chaque jour la crédulité des simples d'esprit. Je passe à des reproches qu'on doit juger plus

(1) Les missions eurent, en France, d'admirables apôtres : saint Dominique, saint Antoine de Padoue, saint Vincent Ferrier, saint François de Paule, César de Bus, saint François de Sales, saint Vincent de Paul, le P. Lejeune, saint Jean François-Régis, le P. Eudes (frère de l'historien Mézeray), M. Olier, Bossuet, Fénelon, Bourdaloue, Bridaine, le P. Beauregard...

graves, puisqu'ils ont retenti à la tribune des députés.

« On a demandé si la France était donc peuplée d'idolâtres, pour qu'il fût nécessaire d'envoyer de ville en ville des missionnaires annoncer la foi. Celui qui a fait cette question aurait pu y répondre mieux que personne. Il sait que la France renferme en son sein une race d'hommes, qui rejetant avec mépris la religion des ancêtres, ou la tenant dans l'indifférence, se croient sages, parce qu'ils doutent, ou éclairés parce qu'ils nient. Il sait que, parmi ces hommes, il en est qui languissent dans une indigence intellectuelle si profonde, qu'on chercherait en vain dans leur esprit la vérité première d'où dérivent toutes les autres; esprits ruinés qui ont perdu Dieu! Certes, si l'on ne s'étonne pas que le zèle conduise les missionnaires au delà des mers, pour convertir quelques idolâtres, on doit encore moins être surpris qu'ils s'occupent parmi nous de soulager une misère plus extrême et plus déplorable... Il faut des missions, parce qu'il faut un Dieu, un culte, un ordre moral, des vertus.

« Mais les missions portent atteinte à la liberté religieuse des protestants, elles les inquiètent, et l'on doit respecter leurs craintes, *même exagerées*. Qui le dit? des protestants! Non, mais des hommes, que le christianisme *inquiète* sans doute, et qui cherchent contre lui des auxiliaires dans son propre sein. Les vrais protestants craignent, comme nous, l'impiété ; ils ne craignent pas les catholiques, et quand ils les craindraient, ne s'agit-il que de s'alarmer des droits des autres pour être autorisé à les en priver? Singulière prétention, de ravir à vingt-cinq millions de citoyens la liberté religieuse, pour assurer à un petit nombre cette liberté que personne n'attaque!

« Les protestants ne sauraient-ils être libres que nous ne soyons enchaînés?

« On parle des passions, on feint d'appréhender que les missions ne les agitent. Eh! c'est parce qu'il y a des passions qu'il faut une religion pour les calmer, et c'est parce qu'elle les calme en effet, qu'on l'accuse de les agiter. Ceux qui, pour parvenir à leurs fins auraient encore besoin de tempêtes, s'irritent quand ils voient dans le ciel des signes de sérénité. Et que veulent-ils donc? un naufrage, afin de se partager encore les débris!

« J'en appelle aux faits : qu'on nomme les lieux où l'ordre public a été troublé par les missions. Quelles sont les révoltes qu'elles ont excitées? On en a vu depuis trois ans éclater plusieurs. Etaient-ce des missionnaires qui conduisaient les rebelles? Est-ce au nom de la religion qu'ils étaient armés? Pour quelle doctrine combattaient-ils? A quelle cause ont-ils été sacrifiés? Apprenez-le par leur cri de guerre que je ne répète qu'en frémissant : *A bas Dieu! Vive l'enfer!* Les malheureux qui proféraient ces horribles blasphèmes avaient assisté à d'autres missions que les nôtres : celles-ci les auraient sauvés (1). »

(1) *Mélanges*, t. I. Des Missions.

XI

Plus encore que les missions, *la Congrégation* était pour le parti révolutionnaire un objet d'horreur. M. de Montlosier l'avait anathématisée dans le premier chapitre de son *Mémoire*, sans bien savoir de quoi il parlait. « La puissance mystérieuse qui, sous le nom de CONGRÉGATION, figure aujourd'hui sur la scène du monde, me paraît aussi confuse dans sa composition que dans son objet, dans son objet que dans son origine (1). »

En tout cela, il n'y avait de confus que les idées du dénonciateur qui, tour à tour, voyait dans la Congrégation « une assemblée pieuse et des anges, un sénat et des sages, un foyer d'intrigue et des démons (2). »

Au sens précis du mot, la Congrégation ou plutôt les Congrégations de la sainte Vierge, étaient alors ce qu'elles sont encore aujourd'hui, des associations de prière et de charité, formées dans le but de pratiquer en commun les devoirs de la piété envers Dieu et du zèle envers le prochain. Instituées dès le

(1) *Mémoire*, p. 18.
(2) *Ibid.*

seizième siècle, solennellement approuvées par plusieurs Papes, louées et propagées par les plus éminents personnages de l'église, elles ont eu la gloire de compter dans leurs rangs des saints tels que François de Sales, Louis de Gonzague, Stanislas Kostka, Alphonse de Liguori; des pontifes, tels qu'Urbain VIII, Alexandre VII, Innocent XII, Benoît XIV; des rois et des princes, tels que Sigismont III de Pologne, Ferdinand II et Ferdinand III d'Allemagne; des héros, tels que don Juan d'Autriche et le grand Condé; des génies, tels que Le Tasse et Lope de Vega, Descartes et Bossuet, Corneille et Fénelon. Partout et toujours on les trouve scrupuleusement fidèles à leurs règles, uniquement employées « à ranimer, étendre et perpétuer la dévotion de la très-sainte Vierge », ainsi que le déclare lui-même l'injuste arrêt du 9 mai 1760 rendu contre elles.

Après la révolution, une congrégation de jeunes gens fut établie à Paris par un ancien Jésuite, prêtre vénérable entre tous, dont Lacordaire a dit: « Son nom n'est pas venu jusqu'à vous, parce que la modestie quelquefois est plus puissante que le talent; mais il a laissé dans le cœur de tous ceux qui l'ont entendu, ce lien immortel que produit l'éloquence entre l'orateur et son auditoire. Il s'appelait Delpuits; j'ai plaisir à le nommer. D'autres ont acquis plus de gloire dans leurs rapports avec la jeunesse de France; aucun ne l'a mérité davantage (1).

L'œuvre de Dieu eut des commencements bien modestes. Le 2 février 1801, six jeunes étudiants étaient réunis dans le petit salon du P. Delpuits, transformé en chapelle (2). Ils se nommaient Mathieu Buisson, François Régnier, Louis Gondret, Joseph Perdreau, François Périot, Charles Frain de la Villegonthier (3). Le P. Delpuits célébra la sainte messe, et avant la communion, les six jeunes gens prononcèrent l'acte de consécration à la Mère de Dieu. Ce fut tout; peu de chose, en apparence, beaucoup en réalité : un humble germe qui, fécondé par la grâce, allait se développer et devenir un arbre. Bientôt le

(1) ŒUVRES DU R. P. LACORDAIRE, t. VI. Mélanges. *Eloge funèbre de Mgr de Forbin-Janson.*

(2) Le P. Delpuits habita d'abord rue de la Jussienne, puis rue Saint-Guillaume, 27, « la seconde porte après la rue de Grenelle. »

(3) Catalogue écrit de la main du P. Delpuits.—Crétineau-Joly, dans *l'Histoire de la Compagnie de Jésus*, le P. Carayon, dans sa notice sur les congrégations de la Sainte-Vierge, donnent d'autres noms ; mais c'est une erreur. Mathieu et Eugène de Montmorency, par exemple, qu'ils citent parmi les six premiers congréganistes, ne furent reçus que le 21 décembre 1801. — Mathieu Buisson, cousin du célèbre Bichat, fut lauréat de l'Ecole de médecine et mourut à la fleur de l'âge.

nombre grandit (1), sans que diminuât la ferveur.

Tous les rangs de la société fournirent leurs représentants, confondus dans une égalité chrétienne. Parmi les jeunes gens que le saint vieillard groupait autour de lui et qu'avec une familiarité charmante il tutoyait tous, les uns s'appelaient Cauchy, Laënnec, Cruveilhier, Récamier, Hennequin, Mommerqué; les autres, Montmorency, Noailles, Marignan, Sully, Cossé-Brissac, Breteuil.

Si le lecteur souhaite connaître les *Monita secreta* de cette Congrégation naissante, nous sommes en mesure de les lui révéler; les voici, tels que nous les lisons écrits de la propre main du P. Delpuits :

« Les congréganistes doivent être prévenus que nous nous édifions ici les uns les autres, en y recevant la sainte communion de mois en mois, autant qu'il nous est possible. Nous sommes assidus dans nos églises au culte public les jours de dimanches et de fêtes. Une fois par mois nous assistons à la messe de paroisse. Nous fuyons avec un grand soin les places et les promenades dangereuses à Paris, les jeux publics, les spectacles absolument, les sociétés peu chrétiennes et mondaines, tous les mauvais livres. »

(1) Soixante à la fin de l'année 1802; cent quatre-vingt-quinze, en 1804.

A la piété, le P. Delpuits exigeait que ses chers jeunes gens joignissent le travail, afin d'arriver, s'il était possible, aux premiers rangs et de montrer, disait-il, que *les chrétiens ne sont pas plus bêtes que les autres.* Mais l'étude laissait néanmoins des loisirs pour s'adonner aux œuvres de la charité, à la visite des pauvres, au soin des malades dans les hôpitaux, à l'instruction chrétienne des enfants abandonnés, des petits Savoyards surtout.

Quand le pape pie VII vint à Paris pour le sacre de l'Empereur, Sa Sainteté daigna permettre aux enfants du P. Delpuits d'assister à sa messe dans une des chapelles de l'église Saint-Sulpice. Tous y communièrent de la main du Pontife, et l'un d'entre eux, Nicolas Séguier, marquis de Brisson, adressa au Saint-Père une allocution latine à laquelle Pie VII répondit par des encouragements et des grâces spirituelles.

On ne lira pas sans émotion la lettre qu'un jeune auditeur au conseil d'Etat, Charles de Breteuil, préfet de la Congrégation en 1808, écrivait de Vienne en Autriche, l'année suivante, à son vénérable directeur :

Monsieur,

Je vais partir pour retourner à Grætz (1) ; pendant qu'on met les chevaux, je veux me rappeler à votre

(1) Où il était intendant.

bon souvenir, et vous remercier de la petite lettre que vous m'avez fait l'honneur de m'écrire. Je la garde et je la relis sans cesse ; une lettre de vous est pour moi un sujet de consolation. J'ai reçu mille et mille bienfaits de la divine Providence dans des circonstances où, sans son secours, ma vie ou ma liberté était en danger. J'ai aussi dernièrement éprouvé de grandes jouissances ; j'ai parcouru les champs de bataille de Wagram, etc.; nous nous étions partagé le terrain entre les six auditeurs qui sont ici, pour volontairement chercher et ramener les pauvres blessés français et autrichiens perdus dans les blés, les trous, les ruines, et dès lors abandonnés. J'ai été assez heureux, pour ma part, d'en sauver la première fois quarante-quatre et la seconde cent trente-deux, que j'ai ramenés moi-même ici dans des fiacres. J'ai été témoin de mille traits héroïques et de spectacles déchirants ; j'ai trouvé quatre Autrichiens qui vivaient, depuis cinq jours, de la paille qu'ils avaient sous eux. J'ai trouvé ici un bien respectable ecclésiastique qui révère M. Frayssinous..... Je n'ai que le temps de vous supplier de penser souvent à moi, de me recommander à tous nos bons amis, et surtout de compter sur l'éternelle reconnaissance qu'à si juste titre et pour la vie votre enfant vous a vouée.

C.-B.

Alfred de Noailles se porte très-bien. — Veuillez, je vous en conjure, me donner de vos chères nouvelles.

Telles étaient les intimes confidences qu'un congréganiste adressait, du fond de l'Allemagne, au P. Delpuits! Trois ans plus tard, le 15 décembre 1811, cet humble apôtre de la jeunesse mourut pieusement. Il fut momentanément remplacé par l'abbé Legris-Duval et par M. Teyssère, prêtre de Saint-Sulpice, ancien ingénieur des ponts et chaussées et répétiteur à l'Ecole polytechnique. En 1814, l'œuvre confiée au P. Ronsin, prêtre d'une foi vive et d'une profonde piété, prit un grand accroissement; mais, en changeant de directeur, elle garda le même esprit. Dans la chapelle des Missions-Etrangères, rue du Bac, la Congrégation resta ce qu'elle était au début dans le petit salon de la rue Saint-Guillaume; et vraiment il a fallu beaucoup de mauvaise foi chez quelques-uns et non moins de crédulité chez le grand nombre, pour transformer une institution si louable, en tous cas si inoffensive, en je ne sais quelle franc-maçonnerie mystique.

Le 18 août 1826, « dans l'assemblée de toutes les chambres de la cour convoquées pour délibérer sur la dénonciation de M. le comte de Montlosier, » un homme respecté de tous pour la loyauté de son caractère, M. Gossin, conseiller à la cour royale, se leva et, dans un discours éloquent, fit l'apologie de la Congrégation dont, depuis huit ans, il faisait partie. « Je suis congréganiste, s'écria-t-il, je le dis hautement, aujourd'hui que cette dénomination appelle dans le monde la calomnie et l'outrage. Si ce titre que j'avoue m'être dû n'est pas, aux yeux de plusieurs de ceux qui me font l'honneur de m'écouter, un gage d'impartialité, qu'il soit du moins pour tous l'assurance de la pleine et parfaite sincérité de mes paroles. Malgré l'exaspération toujours croissante des esprits, du moins en dehors de cette enceinte, nous n'en sommes pas encore, je le pense du moins, arrivés au point que la qualification de congréganiste et le titre d'honnête homme soient réputés choses incompatibles. En vous parlant donc de ce que j'ai vu et de ce que j'ai entendu depuis huit ans, vous me croirez. Si vous ne me croyiez pas, je désespérerais d'une époque où un magistrat, affirmant à ses collègues des faits dont il a été le témoin et auxquels il a pris une part personnelle, provoquerait le sourire de l'incrédulité. » Et après un rapide récit des origines de cette association pieuse et de ses œuvres charitables, l'orateur réfutant un préjugé malignement répandu, ajoutait : « On a parlé de l'influence de la Congrégation sur la distribution des places et des honneurs. Je ne puis parler que de l'ordre judiciaire, et encore du ressort de la cour. Or, pendant trois ans que j'ai eu l'honneur d'administrer le parquet de la cour, sous la direction de l'excellent et à jamais regrettable M. Bellart, cette influence n'a été ni exercée ni tentée.

Quelques jeunes gens se sont élevés, mais leur mérite tout seul explique leur avancement. Emmery, Ravignan, enfants adoptifs de la cour, enfants chéris de la cour, n'avaient pas besoin d'être congréganistes pour s'élever bien haut; il leur suffisait des nobles facultés dont la nature s'est montrée pour eux si prodigue. La bienveillance toute paternelle de la compagnie a fait le reste. Pour moi, Messieurs, si, après seize ans de magistrature, j'ai eu l'honneur de rentrer à la cour avec le titre si précieux et si cher de votre collègue, ç'a été, non pas parce que j'étais de la Congrégation, *mais, malgré que j'en fusse*, et à cet égard, je pourrais citer des faits irrécusables... Quelles que puissent être pour moi les conséquences de ce discours, je me féliciterai toute ma vie d'avoir rempli un devoir, celui de vous parler le langage de la franchise et de la vérité, et ce langage, vous étiez, Messieurs, tous dignes de l'entendre.»

Est-il nécessaire d'insister davantage? Ce que nous avons dit ne suffit-il pas pour réfuter les contes ridicules inventés au sujet de la Congrégation, des missions, de Saint-Acheul, de Montrouge, et dont M. de Montlosier se fit le principal éditeur? Et voilà pourtant les seuls griefs que l'irascible vieillard, après les avoir en vain dénoncés à la cour royale, allait, par voie de pétition, déférer à la Chambre des pairs!

S'il ne s'adressa pas en même temps à la Chambre des députés, c'est qu'il savait d'avance quel accueil lui serait fait par une majorité qui n'était rien moins que libérale. Il eut aussi la prudence de renoncer au cortége imposant « d'un million de signatures » qu'il avait d'abord annoncé. Il se contenta fièrement de la sienne : *Moi, dis-je, et c'est assez !*

Peu de temps auparavant, deux pétitions contre « les Jésuites » avaient été présentées à la haute Chambre; elles étaient dans le fond et dans la forme, tellement inconvenantes, qu'à la séance du 5 juillet 1826, le rapporteur demanda d'être dispensé d'en rendre compte. On fit observer que, dès qu'elles avaient été mentionnées, la Chambre devait se prononcer, et l'on adopta l'ordre du jour. La pétition de M. le comte de Montlosier (1) sembla mériter plus d'égards. Elle retraçait longuement l'historique de toute la campagne qu'il avait entreprise, signalait les mêmes périls déjà dénoncés à la cour royale, et déclarait qu'après tous ces précédents, la voie la plus convenable à suivre serait une adresse de la noble Chambre au roi.

M. le comte Portalis, quatrième rapporteur du comité des pétitions, se présenta à la tribune le 18 janvier 1827. Après avoir rappelé que « M. François-Dominique de Raynaud, comte de Montlosier, usant du droit accordé à tout citoyen par l'article 30 du Code d'instruction criminelle, avait adressé, le 16 juillet dernier, une dénonciation à la cour royale », laquelle s'était déclarée incompétente, M. Portalis ajoutait : « En cet état, M. de Montlosier a cru devoir faire usage du droit que lui donne l'article 53 de la charte, et il a adressé une pétition à la Chambre des pairs. Dans cette pétition, après avoir exposé les faits, il invite la noble Chambre :

« 1° A prendre en considération le danger imminent qui résulte de l'état de flagrant délit où se trouvent en France les divers établissements de congrégations et de Jésuites, et à aviser immédiatement

(1) Datée du 26 décembre 1826.

aux mesures les plus promptes pour opérer leur dissolution ;

« 2° A prendre les moyens nécessaires pour faire reconnaître et enseigner dans les séminaires la déclaration de 1682 ;

« 3° A nommer une Commission pour rechercher les anciennes lois du royaume qui *défendent la religion contre ses ministres ;*

« 4° A proposer tels amendements à la législation... » De ces quatre chefs de conclusions, M. Portalis en écartait trois par l'ordre du jour pur et simple. Il faisait observer que, sur ces trois points, la demande du pétitionnaire tendait à provoquer un projet de loi, et que si l'on admettait une telle ingérence du premier venu dans le pouvoir législatif, « l'initiative, cette prérogative de la couronne qui n'appartient aux Chambres que par exception, descendrait des Chambres à la *tourbe des pétitionnaires ;* ils disposeraient du temps des deux premiers corps de l'Etat et, par une double inconvenance, ils en disposeraient d'une manière indigne d'eux. »

C'était traiter assez dédaigneusement les prétentions de M. de Montlosier à légiférer. Mais restait le quatrième chef de conclusion concernant les Jésuites. Là encore M. Portalis s'empressait de distinguer dans les assertions du pétitionnaire ; il avouait implicitement qu'on ne pouvait opposer aux religieux de la Compagnie de Jésus aucun crime, aucun délit; il ne se refusait même point à ce qu'on autorisât légalement cette congrégation, si elle était reconnue utile; mais où il s'accordait pleinement avec le comte de Montlosier, c'était sur ce prétendu principe « qu'il ne doit pas être possible qu'un établissement, même utile, existe de fait, lorsqu'il ne peut avoir aucune existence de droit, et que, loin d'être protégé par la puissance des lois, il le soit par leur impuissance. »

En vain lui opposerait-on la liberté de conscience et la liberté des cultes. « Ce qui résulte de la liberté des cultes, disait-il, c'est que *la surveillance*, comme la protection du souverain *doit s'étendre sur toutes les religions admises dans l'Etat*, loin qu'aucune d'elles en doive demeurer garantie. » Thèse étrange, dont la conséquence logique serait que liberté signifie servitude, dès qu'il s'agit de la religion.

Le rapporteur proposait de renvoyer au président du conseil la pétition Montlosier, « en ce qui touche l'établissement en France de diverses maisons d'un ordre monastique non autorisé par le roi. » La Chambre vota l'impression du rapport, et sur la demande de l'archevêque de Paris, la discussion s'engagea sur-le-champ. Ce fut le cardinal duc de la Fare, archevêque de Sens, qui prit le premier la parole. Elargissant le débat, l'éminent orateur déclara qu'il ne s'agissait pas de savoir si telle congrégation serait, oui ou non, autorisée légalement, mais qui l'emporterait de la Révolution ou de l'Eglise. Telle était, selon lui, la vraie question qui s'agitait sous le nom des Jésuites. « Le projet de ces prétendus défenseurs des lois, leur projet bien connu est d'éteindre la foi catholique pour arriver ensuite à l'abolition du christianisme. Le nom de *Jésuite* est pour eux un nom de proscription qu'ils appliquent également à tout ecclésiastique, à tout catholique, à tout homme de bien. » Le cardinal abordait ensuite la question de droit et opposait à ses adversaires cette fin de non-recevoir : « Ils viennent, disait-il, invoquer auprès de ce tribunal suprême l'exécution des lois qui jadis ont frappé les Jésuites ; mais jusqu'à présent quel cas ces zélateurs ont-ils fait des lois anciennes, quand il a été question des droits les plus sacrés, des droits de la couronne, de l'Eglise, des hôpitaux, des communes ? Avec quel dédain alors ils les écartaient comme des lois surannées, abrogées par la Révolution, condamnées à la désuétude et à l'oubli ! »

Puis, il s'étonnait qu'on pût à sa guise être athée, impie, juif, mahométan, et que le catholique seul n'eût pas la liberté de professer sa religion à sa manière, même en se faisant Jésuite. Que devenait, dans ce système, la parité des droits, l'égalité de protection que la Charte avait établies ?

Pour répondre au cardinal de la Fare, M. de Choiseul essaya vainement d'invoquer l'autorité du ministre célèbre dont il portait le nom. Cette *oratio pro domo mea* eut peu de succès. Il en fut tout autrement du discours solide, brillant, spirituel du duc de Fitz-James. Le noble orateur se jeta, avec toute son ardeur chevaleresque, dans la voie ouverte par Mgr de la Fare, et comme lui, attaqua vivement, au lieu de rester sur la défensive. « Chose étrange ! dit-il, la Révolution a tout détruit en France, institutions, lois, ordonnances de nos rois, clergé, noblesse, magistrature, trône enfin ; elle a tout renversé, tout brisé, tout écrasé, réduit tout en poussière si impalpable que la Providence seule a pu rendre un peu de vie à ce qui était rentré dans la nuit du néant. La Révolution fait plus; chaque jour elle lance un nouvel anathème contre ce qui conserve le moindre vestige de ce qu'elle a proscrit en masse sous le nom commun d'*ancien régime;* et, sous cet immense et effrayant amas de ruines accumulées, ruines qu'elle reconnaît pour être son ouvrage, qui font son triomphe et sa gloire, que chaque jour elle se plaît à fouler aux pieds, elle va déterrer une loi, une seule loi, et c'est une loi de persécution. Ah ! que c'est bien là le génie tout entier de la Révolution ! »

Ce n'est pas que le duc n'ait lui-même quelques

préventions contre les prêtres de son temps et qu'il ne trouve quelque chose à redire à « la vie dévote. » Il remarque dans le clergé, en particulier chez les Jésuites, « trop d'ardeur dans le zèle, trop de roideur dans leurs vertus, un rigorisme qui n'est pas plus dans l'esprit de la religion que dans les mœurs du siècle, trop peu d'indulgence pour les plus innocentes distractions aux misères de la vie... » Mais, la part faite à des reproches qui certes ne déshonorent pas, le noble pair s'indigne de l'odieuse manœuvre à laquelle M. de Montlosier sert d'instrument. « Il y a environ un siècle et demi, l'Angleterre, comme aujourd'hui la France, avait traversé une révolution et une restauration, et comme en France, la révolution ne pardonnait pas à la restauration de l'avoir détrônée. Les partis étaient en présence; on se disputait le pouvoir; on s'intéressait moins à la chose publique qu'aux succès de telle ou telle coterie; et, comme en France enfin, chacun courait au portefeuille. Mais un homme se rencontra, qui doué d'un génie plus profond, d'une méchanceté plus astucieuse..., conçut un projet qui, tout absurde qu'il soit regardé aujourd'hui par les historiens, ne réussit pas moins par son absurdité même; car ce fut sur des masses ignorantes et passionnées qu'il eut à agir... Shaftesbury n'employa qu'un mot, et ce mot magique fut celui de Jésuite. Vous voyez, Messieurs, que je veux parler du fameux complot connu sous le nom de complot papiste... Tout catholique et bientôt tout *cavalier* devint jésuite et conspirateur. Les catholiques devaient égorger le roi, le Parlement, exterminer tous les protestants, renverser les lois du royaume. Comme en France, on présenta au peuple des mots pour des choses, et, comme en France, les uns crurent tout, les autres feignirent de tout croire. »

« Au génie près, les Shaftesbury ne manquaient pas ; » tout d'abord, c'était le pétitionnaire lui-même qui jouait ce rôle : « Homme bizarre à qui on voudrait n'avoir à reprocher que de la folie ; » puis, les journalistes, « ces faux amis de la liberté qui déshonorent son nom sacré en protégeant la licence sous quelque forme qu'elle apparaisse... Faux amis de la Révolution même, leur idole, en prenant, sous leur égide, tous ses excès, en exaltant tous ses crimes, devenus pour eux de simples erreurs ; faux amis de leur pays qu'ils ne cessent d'insulter et d'avilir, si la France pouvait jamais l'être, réservant leurs éloges pour tout ce qui est étranger et surtout pour l'éternel ennemi des intérêts et de la gloire de la France. »

Voilà les adversaires des Jésuites : quant à ceux-ci, que sont-ils ? « En vain me dit-on que l'Ordre a été trente fois expulsé des pays où ils avaient formé des établissements. Cette étrange charge tant répétée prouve incontestablement une chose, c'est qu'ils ont été rappelés au moins vingt-neuf fois. La question reste donc la même. Elle consiste à savoir si c'est leur expulsion ou leur rappel qu'il faut attribuer à l'intrigue... »

« On s'effraie de voir leurs colléges se multiplier. Qu'est-ce que cela prouve, si ce n'est la confiance des pères de famille? Si l'opinion générale les repoussait, leurs colléges seraient vides. De quel droit, dans un temps de liberté, irait-on faire violence à un père, scruter la manière dont il place sa confiance, et lui dire : Nous ne voulons pas que vous éleviez vos enfants dans tels ou tels principes; nous ne voulons pas que vous les confiiez à tel ou tel homme, parce qu'il porte tel ou tel nom, tel ou tel habit. Il me semble qu'à une époque où l'on se montre si ombrageux pour la liberté, ce serait lui faire une étrange violence. Eh quoi! s'il me prend fantaisie de confier l'éducation de mon fils à un quaker, un méthodiste, un rabbin ou un iman qui, autorisé par le gouvernement, je le suppose, à l'abri de la charte et de la liberté des cultes, aura fondé une maison d'éducation pour les jeunes gens de sa secte ou de sa religion, non-seulement rien ne pourra m'en empêcher, mais je suis sûr que mille voix applaudiront à ma philosophie; et mon voisin qui, nourri de vieux préjugés, tenant plus que moi à la religion de ses pères, voudra confier son fils à des prêtres catholiques, dans l'idée vraie ou fausse que ces prêtres élèveront son fils dans des principes conformes aux siens, le rendront plus attaché à tous ses devoirs d'homme ou de chrétien et le lui renverront fils plus soumis et plus respectueux, ce voisin n'aura pas la liberté de suivre son penchant, parce que ces hommes portent un habit noir, et s'appellent jésuites!... Je me demande si le mot *Jésuite* n'est pas un mot choisi avec art, pour cacher d'autres desseins, une fausse attaque pour masquer l'attaque principale. On a beau crier au jésuite sur tous les tons autour de moi et faire grand bruit à mes oreilles; quelque dangereux qu'on me les représente, j'y suis bien déterminé, je craindrai toujours moins un Jésuite qu'un jacobin. Je suis de l'œil ces derniers depuis trop longtemps pour ne pas connaître à fond leur savoir-faire; je vois clair à travers les flots de poussière qu'ils s'efforcent d'élever autour d'eux pour cacher leurs manœuvres, et je ne peux m'empêcher de remarquer que les clameurs contre les Jésuites ont commencé au moment même où le jacobinisme fut pris en flagrant délit dans l'affaire des *ventes*. »

Le duc de Fitz-James avait frappé juste; personne ne se leva pour lui répondre et la suite de la discussion fut remise au lendemain. Dans cette seconde séance, le vicomte Dambray insista, en quelques mots pleins d'à-propos, sur le caractère général de la pétition, et montra que les attaques dirigées contre les Jésuites ne pouvaient pas être séparées des attaques contre le clergé séculier, l'épiscopat, la religion elle-même. Mais M. Laîné, qui lui succéda à la tribune, avait intérêt à ne pas accepter le combat sur ce terrain. Il fit l'apologie de M. de Montlosier, dont on avait, disait-il, « contristé la vieillesse. » Puis, abordant le fond du débat, il soutenait que « la Révolution n'avait pas cassé l'œuvre des rois et des parlements, » et qu'on invoquait en vain, en faveur des Jésuites, l'article 5 de la charte. Son argumentation consistait à dire que les Jésuites, ne professant pas une autre religion que la religion catholique, leur situation était régie par l'article 6 ainsi conçu : « La religion catholique, apostolique et romaine est *la Religion de l'Etat.* » Selon lui, l'Etat, ayant de ce chef autorité sur l'Eglise, exerçait dès lors un droit de suprématie et de surveillance sur tout ce que l'Eglise renfermait dans son sein! « Sans doute, avouait-il, cet article 5 doit servir de bouclier à tous les autres Français. Mais peuvent-ils en invoquer l'application sans laisser entendre que le culte pour lequel ils veulent protection, diffère en quelque point de la religion de l'Etat?... » Il fallait que la cause défendue par M. Laîné fût bien mauvaise, pour qu'un homme éminent se vît réduit à un aussi pauvre raisonnement! Il était plus franc, quand il déclarait qu'il y allait des intérêts du monopole universitaire. « L'Université pourra-t-elle lutter longtemps contre une corporation habile dont les sujets vivent de peu, se transportent partout au premier ordre, pour qui l'obéissance n'a besoin de l'assistance ni des conseils, ni de l'administration, ni des tribunaux, dont les émoluments bien administrés s'accroissent tous les jours et qui sait se créer des moyens dont la source est inconnue? » Ce qui revenait à dire : les Jésuites sont des maîtres habiles, dévoués, dont les succès sont incontestables; mais leur concurrence nous gêne; il faut donc les supprimer.

M. Laîné donnait beau jeu au redoutable antagoniste, M. de Bonald, qui se leva pour lui répondre. Le grand philosophe voyait plus loin et de plus haut; pour lui, la présente querelle n'était qu'un incident de la longue lutte entre l'Église romaine et la Réforme. Les Jésuites étaient les vaillants soldats du catholicisme, et c'était là tout leur crime. De quel droit leur reprochait-on leurs progrès, conséquence naturelle de la vie au sein de toute association? Quelle était l'ambition qu'on rencontrait chez des hommes qui ne possédaient rien en propre, chez des prêtres qui renonçaient par vœu à toutes les dignités de l'Église?

Il est vrai que M. de Montlosier les dénonçait à la haute Chambre; mais que pesait sa pétition auprès du témoignage de ces six mille pères de famille confiant leurs enfants à des maîtres dont un avocat célèbre (M. Dupin) avait loué naguère les vertus et la capacité? Avaient-ils eu tort de croire que les Jésuites n'étaient pas privés de la liberté religieuse accordée aux juifs et aux mahométans, de la liberté d'industrie reconnue à tout Français, de la tolérance dont les religieux catholiques jouissent jusque dans les Etats dissidents? Dans quelle voie de persécution allait-on s'engager? Cette première étape franchie, on sera vite conduit à franchir les autres. « Après la proscription d'un Institut religieux si longtemps cher à l'Eglise et à l'Etat, viendra la torture des consciences, viendront les serments de *test* et *d'allégeance*, et déjà dans l'article 2 de la pétition l'auteur vous y invite, et on trouverait des exemples au delà des mers pour justifier des rigueurs contre des opinions théologiques d'au delà des monts; viendront à leur tour les expulsions et les violences, et, je le dis avec une profonde conviction et peut-être quelque connaissance, nos enfants un jour seraient réduits à solliciter cette émancipation que sept millions de catholiques en Irlande et en Angleterre demandent en vain! »

Mgr Frayssinous, ministre des affaires ecclésiastiques et de l'instruction publique, prit alors la parole au nom du gouvernement. Il mit dans son discours toute la loyauté, disons-le, toute la candeur de son caractère. « Amis et ennemis, déclarait le vénérable orateur, sont d'accord sur trois points ; et sur le talent des Jésuites pour l'éducation de la jeunesse, et sur leurs succès prodigieux dans les missions étrangères, et sur l'austérité de leurs mœurs. » Il faisait sommaire justice des calomnies dont leurs doctrines avaient été l'objet, opposait à M. de Montlosier les témoignages rendus à la Compagnie de Jésus par des magistrats tels que les de Thou, les Séguier, les Molé, les Lamoignon, par des pontifes, tels que Bossuet et Fénelon, et en 1761, par quarante évêques de France. Quant à l'existence légale, Mgr Frayssinous eut le mérite d'en poser les termes avec une admirable netteté. « Autrefois, dit-il, la société des Jésuites était autorisée et reconnue en France aux mêmes titres que les autres corps religieux. Elle avait pour elle... toutes les dispositions qui constituent une *existence légale*... Alors elle jouissait *comme corps* de tous les droits civils ; elle pouvait en cette qualité posséder et acquérir ; elle gouvernait des colléges qui étaient comme son domaine ; elle tirait de son sein même le mouvement et la vie sous la protection des lois. Aujourd'hui, rien de semblable ; je vois *des individus sans existence légale*, *unis entre eux au for de la conscience par des liens spirituels* de fraternité et de subordination, surveillés par l'autorité, mais *non reconnus par elle*, ne pouvant ouvrir une seule école de leur propre chef, appelés dans quelques petits séminaires, conservés ou renvoyés par les évêques diocésains. Point d'exception, point de priviléges, point d'indépendance devant l'Église ni devant l'État. »

Cette distinction bien précisée, il devenait facile de montrer que les textes de lois invoqués n'étaient pas applicables dans l'espèce. « L'édit de 1765 avait détruit *la société telle qu'elle existait;* mais ce qui était autrefois ne ressemble nullement à ce qui est aujourd'hui. — Le décret de 1804 a frappé les congrégations non autorisées ; mais ce décret n'a reçu qu'une exécution imparfaite et a fini par tomber en désuétude. Avant comme après la Restauration, on a vu s'établir et exister seulement de fait un grand nombre de congrégations et de communautés de femmes qui n'ont jamais été inquiétées.

« De là, une double classe de ces établissements : les uns ont pris naissance et ont continué d'exister sous une espèce de tolérance, d'autorisation tacite, sans participer aux droits civils; les autres ont été expressément autorisés par décret, ordonnance ou loi, et sont admis à la jouissance de ces droits.

« Qu'a fait la loi de 1817 ? Elle n'a fait que déterminer les avantages temporels dont jouissait *tout établissement ecclésiastique reconnu par la loi*. — Qu'a fait la loi de 1825? Elle a fixé les conditions et les formalités auxquelles seraient soumises les congrégations et communautés de femmes qui voudraient demander et obtenir l'autorisation; mais ni l'une ni l'autre de ces lois n'a inquiété ceux de ces établissements qui se contentaient de *leur existence de fait*. »

En terminant, le ministre demandait, un peu timidement peut-être, à la noble assemblée « s'il ne lui semblerait pas plus convenable de passer à l'ordre du jour, pour témoigner hautement combien elle improuvait une attaque si injuste, si violente, dirigée contre les ministres de la religion de l'Etat. »

La discussion fut close (1). On demanda le scrutin

(1) Le cardinal de Clermont-Tonnerre publia le discours qu'il n'avait pu prononcer au cours de la discussion; nous en détachons le passage suivant :

« Est-ce la Charte, Messieurs, est-ce le Code civil, le Code pénal, le Code de commerce, qui interdisent à quelques prêtres, chargés d'instruire des enfants pieux, le droit de rompre le repos qu'ils prennent, deux heures avant le réveil des élèves, et d'employer ce temps à la méditation et à la récitation du bréviaire? Pendant que tant d'agrégations se forment librement pour des objets d'intérêt, pour des pétitions, pour la franc-maçonnerie, pour l'industrie et le commerce, faut-il une permission particulière pour que des prêtres s'unissent entre eux et méditent en silence sur les années éternelles? »

sur l'ordre du jour pur et simple ; 113 voix se prononcèrent contre, 73 pour. Une majorité de 40 voix adopta donc les conclusions de la Commission et par suite, la partie de la pétition Montlosier concernant les Jésuites fut renvoyée au ministre.

Tels furent ces débats dont nous avons cherché à reproduire la physionomie, en laissant la parole aux orateurs eux-mêmes. Avec eux se terminait la première phase de la *guerre aux Jésuites*. Si ceux-ci restaient par suite du vote de la Chambre des pairs, sous le coup d'une menace dont les effets ne devaient pas tarder à se faire sentir, leurs adversaires libéraux se retiraient du combat, plus meurtris, ce nous semble, et plus maltraités. Que de dures vérités n'avaient-ils pas été forcés d'entendre ! à quelle flagrante contradiction ne s'étaient-ils pas eux-mêmes condamnés ! Pour perdre les Jésuites, ils avaient exhumé, de la poussière de l'ancien régime, des édits et des lois en opposition avec tout le droit moderne, et déchiré de leurs propres mains non-seulement la Charte royale, mais la déclaration de 1789, qui toutes les deux proclamaient la liberté de conscience et la liberté des cultes !

Et la pétition de M. de Montlosier ? — On en avait fait peu de cas vraiment ; ses dénonciations bruyantes n'avaient pas même été discutées. On avait retenu seulement une question de légalité sur laquelle la lumière s'était faite en dépit du vote défavorable : grâce à cette solennelle discussion, il était désormais acquis, pour tout homme sérieux et de bonne foi, qu'un religieux, un Jésuite, lié devant Dieu, dans le for de la conscience, par des vœux purement spirituels, n'en reste pas moins français et citoyen, jouissant de tous les droits civils et politiques reconnus à tous les autres. Les Ordonnances de 1828, invoquées par M. Ferry, ne purent être rendues, nous le verrons, qu'en violation de ces droits.

XIII

Les grands débats auxquels avait donné lieu la pétition du comte de Montlosier à la Chambre des pairs, n'avait fait qu'exciter davantage tous les esprits. L'intrigue politique qui se dissimulait sous la question des Jésuites, était d'ailleurs sur le point de réussir; M. de Villèle, après la dissolution de la Chambre et le triomphe de l'opposition libérale dans les nouvelles élections, ne pouvant plus se maintenir à la tête du ministère, cédait la place à M. de Martignac, chargé par le roi de former un nouveau cabinet. Ce ne fut pas sans peine que ce dernier parvint à grouper autour de lui des hommes d'opinions diverses, capables de donner à peu près satisfaction à tous les partis. M. Portalis, le rapporteur de la pétition Montlosier, devint ministre de la justice; Mgr Frayssinous, déjà remplacé à l'instruction publique par M. de Vatimesnil, ne tarda pas à céder le portefeuille des affaires ecclésiastiques à Mgr Feutrier, ancien curé de la Madeleine, évêque de Beauvais, prélat jeune, aimable, d'humeur accommodante, caractère bien faible, pour affronter la périlleuse et délicate épreuve à laquelle il allait être soumis.

Le renvoi de la pétition au précédent ministère

n'avait eu aucun effet, et l'opposition s'était montrée vivement irritée de l'inaction et du silence de M. de Villèle. Son successeur se crut donc obligé de donner satisfaction au parti libéral en lui abandonnant quelque peu les Jésuites, et de céder en partie sur ce point, afin, pensait-il, de sauver le reste. Ni M. de Martignac, ni la plupart de ses collègues ne se sentaient le moindre goût pour le rôle de persécuteur; seul M. Portalis, imbu de préjugés jansénistes et parlementaires, aurait incliné sans trop de répugnance aux mesures extrêmes (1). On ne demandait au légiste habile à rajeunir les vieux textes d'arrêts et d'édits, que de couvrir le jeu de la politique du voile de la légalité. Il ne s'agissait pas de proscrire les religieux de la compagnie de Jésus, mais de faire contre eux juste assez, pour sceller, à leurs dépens, la paix avec les adversaires du cabinet. On commença, ainsi qu'il est d'usage en pareille occurence, par une enquête. Une circulaire ministérielle fut adressée aux huit évêques dont les petits séminaires étaient confiés aux Jésuites, pour leur demander : 1o Si ces huit

(1) « M. Portalis semblait n'avoir d'autre regret en signant l'ordonnance contre les jésuites que celui d'y voir certains *ménagements* ou ce qui apparaissait tel, et de ce qu'elle ne les écrasait pas entièrement.» (*Notice historique sur les ordonnances du 16 juin 1828, d'après les pièces officielles jusqu'ici inédites*, par un ancien vicaire général (M. Catel). Lyon, 1847, p. 17).

maisons étaient gouvernées par des prêtres séculiers; 2° Dans le cas contraire, quelle était la congrégation à laquelle ces ecclésiastiques appartenaient. Tous les prélats répondirent dans le même sens que l'évêque d'Amiens, interrogé sur Saint-Acheul: *Devant la loi*, il n'y avait, dans ces établissements, que des prêtres dépendant de leur évêque pour toutes les fonctions du saint ministère, et nullement une corporation indépendante de l'autorité spirituelle, ou tenant de l'État des droits et des priviléges; *dans le for de la conscience*, ces prêtres se liaient, il est vrai, par des vœux et s'obligeaient à une règle; mais c'était chose qui échappait absolument au contrôle du pouvoir civil et dont ils ne devaient compte qu'à Dieu.

Peu satisfait de ce premier résultat, M. Portalis eut recours à un autre expédient; il s'occupa de former une commission chargée de lui préparer les voies et de lui faciliter la besogne. A cette fin, il adressait au roi un rapport (20 janvier 1828) dont les premières lignes méritent d'être citées. « Sire, disait le ministre, la nécessité d'assurer dans toutes les écoles ecclésiastiques secondaires l'exécution des lois du royaume est généralement reconnue: les mesures que cette nécessité commande ont besoin d'être complètes et efficaces; elles doivent se coordonner avec notre législation et les maximes du droit public français; elles se rapportent à la fois *aux droits sacrés de la religion, à ceux du trône, à l'autorité paternelle et domestique, à la liberté religieuse garantie par la Charte*; elles ne sauraient être préparées avec trop de maturité, puisqu'elles ne demeurent étrangères à aucun des principaux intérêts du pays ! »

Le ministre proposait en conséquence la nomination d'une Commission chargée d'indiquer les mesures nécessaires *pour assurer dans toutes les écoles ecclésiastiques secondaires l'exécution des lois du royaume.*

Il eût été plus logique de rechercher d'abord si quelques-unes de ces prétendues lois du royaume « n'étaient pas en opposition avec ces droits imprescriptibles, ces intérêts sacrés de la religion, de la conscience et de la famille, énumérés par le ministre; si plusieurs des « maximes » qu'on invoquait n'avaient pas été effacées par la Charte ; si maints « édits et arrêts » de l'ancien régime, bien loin de constituer « le droit public français », n'en étaient pas la négation formelle. M. Portalis négligea de poser ces questions préalables à la Commission, celle-ci devait lui faire la désagréable surprise de donner la réponse qu'on ne demandait pas. Le rapport du ministre de la justice fut approuvé par le Roi, mais n'obtint pas la faveur de la presse libérale. Pourquoi tant de ménagements à l'égard des Jésuites? N'était-il pas plus simple de les expulser sans tant de formalités? Le reproche était injuste; M. Portalis avait composé la Commission de telle sorte qu'il pouvait, pensait-il, s'en reposer entièrement sur elle du succès de son plan. Puisqu'il s'agissait des petits séminaires, du recrutement du sacerdoce, de l'éducation des jeunes clercs, il avait bien fallu faire appel à l'épiscopat; mais sur neuf membres, on ne comptait que deux évêques, Mgr de Quélen, archevêque de Paris, et Mgr Feutrier, ce dernier fort peu redoutable. Les trois pairs de France, MM. Laîné, Séguier et Mounier, n'étaient point amis des Jésuites; si le comte de Noailles et M. de la Bourdonnaye penchaient pour eux, le troisième député appelé à la Commission, M. Dupin aîné, avait signé une consultation en faveur de M. de Montlosier, et se signalait, à l'heure même, devant la Chambre des députés, par une vive sortie contre les Jésuites (1). Quant à M. de Courville, membre du conseil de l'Université, sa situation officielle permettait, ce semble, de compter sur lui. Les catholiques s'alarmèrent, et tout le monde estima la cause des Jésuites bien compromise, sinon perdue. Pour le moment on se trompait.

(1) Séance du 21 janvier 1828.

XIV

Après de longues discussions, quand les membres de la Commission en vinrent au vote, ce fut un cri général d'étonnement; l'honorable M. de Courville, se rendant à l'évidence, reconnaissait, avec MM. de Quélen, Feutrier, de Noailles et de la Bourdonnaye, le droit qu'avaient les Jésuites d'exister comme congrégation non autorisée et d'enseigner dans les petits séminaires sous l'autorité des évêques. Les quatre membres de la minorité, s'estimant trahis par un des leurs, « bondissaient de surprise, comme des gens pris pour dupes. La Commission mit fin à ses séances au milieu des menaces et des protestations de la minorité (1). »

Cependant elle n'avait guère lieu de se plaindre. Tous ses arguments, tous ses griefs avaient été consciencieusement consignés au procès-verbal et reproduits *in extenso* dans le *Rapport au Roi* (28 mai 1828), document remarquable, auquel M. Ferry vient de donner plus de célébrité qu'il n'en eut jamais. Tout le monde sait que le ministre républicain, qui change tout, brouille tout autour de lui, non content d'outrager les personnes, s'est permis de

(1) Note manuscrite du vicomte Alexis de Noailles.

violenter les faits et d'interpoler les textes. Dans l'*Exposé des motifs* de son projet de loi *contre* la liberté de l'enseignement supérieur, pour excuser cette inique article 7 qui soulève d'unanimes protestations, M. Ferry s'est donné le ridicule de citer l'opinion d'évêques et de pairs de France avec lesquels il n'a certainement rien de commun. Bien plus, par une étourderie incompréhensible (1), qui ressemble fort à une volontaire supercherie, le ministre a mis au compte de la majorité de la Commission, le sentiment de la minorité; et cela, à trois reprises, ayant soin de biffer, dans chaque phrase empruntée au Rapport, ces mots répétés à satiété : « *La minorité considère que... Dans l'opinion de la minorité... aux yeux de la minorité...* » Pas un paragraphe du Rapport qui ne contienne quelque formule analogue, comme si l'honorable secrétaire de la Commission d'enquête de 1828, le baron Mounier eût voulu déjouer d'avance les ruses des plus habiles falsificateurs! M. Ferry, ou le scribe à ses gages, est d'autant plus inexcusable, qu'il a dû nécessairement lire, pour faire ses découpures, le Rapport tout entier; ses ciseaux, en effet, ont taillé capricieusement çà et là

(1) Il suffisait, pour l'éviter, d'ouvrir, par exemple, l'*Histoire de la Restauration*, par M. de Vieil-Castel, T. XVIII, p. 9-13.

des lambeaux mal assortis, dont le premier commence ainsi : « DANS L'OPINION DE LA MINORITÉ (1), c'est une erreur de croire que les lois, ainsi que *les anciennes maximes de la monarchie,* qui veulent qu'aucun ordre religieux ne puisse s'introduire en France sans la permission expresse de l'autorité souveraine, ont eu seulement en vue la capacité relative à la propriété ou à sa disposition..., etc. — En résumé, l'association des prêtres suivant la règle de saint Ignace paraît, AUX YEUX DE LA MINORITÉ (2), constituer une congrégation qui est formée sans autorisation régulière. — La direction et l'enseignement des écoles ecclésiastiques, confiés à des membres de cette congrégation paraissent, A LA MINORITÉ (3), contraires aux dispositions légales. » — Là s'arrête la citation du scrupuleux ministre, et c'est dommage ; car, à la ligne suivante, commence l'énoncé du sentiment de la majorité que nous reproduisons tout entier.

« *Les cinq autres suffrages* ont, au contraire, admis la résolution ainsi qu'il suit : si, d'un côté, il paraît résulter de quelques discours prononcés l'année dernière dans les deux Chambres par M. le ministre des affaires ecclésiastiques, de la correspondance des préfets et des rapports faits par les recteurs

(1) Ces mots ont été supprimés par M. Ferry.
(2) Ces mots ont échappé aux yeux de M. Ferry.
(3) Mots oubliés par M. Ferry.

des académies, qu'il existe huit petits séminaires dont la direction est confiée à des ecclésiastiques appartenant à une congrégation religieuse non autorisée, de l'autre, il est constant, par la déclaration des évêques, que la direction de ces établissements n'est confiée qu'à *des individus* choisis par eux, placés sous leur autorité, surveillance et juridiction spirituelles, et même sous leur administration temporelle ; que *ces individus* révocables à la volonté des évêques ne se distinguent des autres ecclésiastiques de leur diocèse par aucun signe extérieur ni par aucune dénomination particulière, bien qu'ils suivent, *pour leur régime intérieur*, la règle de saint Ignace.

« Attendu qu'en vertu de l'ordonnance réglementaire du 5 octobre 1814, faisant jurisprudence sur la matière, la direction des écoles ecclésiastiques et la nomination des directeurs appartiennent aux évêques; — que les évêques dont il s'agit déclarent que les prêtres auxquels ils ont confié la direction et l'enseignement de leurs petits séminaires, sont choisis par eux, qu'ils sont soumis, comme tous les autres prêtres de leur diocèse, à leur autorité et juridiction spirituelles et à leur administration temporelle ; — qu'il résulte de cette déclaration que *ce n'est pas à une corporation, mais à des individus* révocables à la volonté des évêques que la direction des écoles ecclésiastiques est confiée ; — considérant qu'il n'est pas possible de saisir légalement, à ces caractères, l'existence d'une corporation religieuse chargée de l'enseignement dans les écoles ecclésiastiques, et que les individus eux-mêmes employés dans ces écoles ne seraient pas, à ces seuls caractères, saisissables par la loi, comme faisant partie d'une congrégation non autorisée par elle; — *Que, sous le régime de la Charte, de la liberté civile et religieuse qu'elle proclame, il n'est permis à personne de scruter le for intérieur de chacun pour rechercher les motifs de sa conduite religieuse, des règles et des pratiques auxquelles il se soumet, du moment que cette pratique et cette conduite ne se manifestent par aucun signe extérieur et contraire à l'ordre ou aux lois;* **QU'AUTREMENT CE SERAIT SE PERMETTRE UNE INQUISITION ET UNE PERSÉCUTION QUE NOS INSTITUTIONS RÉPROUVENT**; — considérant enfin que, n'ayant d'autre moyen de reconnaître les faits sur lesquels elle est appelée à prononcer que les renseignements officiels qui lui ont été transmis; *la majorité de la Commission*, s'en référant aux déclarations faites par les évêques, estime que la direction des écoles secondaires ecclésiastiques donnée par les archevêques de Bordeaux et d'Aix, par les évêques d'Amiens, de Vannes, de Clermont, de Saint-Claude, de Digne et de Poitiers, à des prêtres révocables à leur volonté, soumis en tout à leur autorité et juridiction spirituelles et même à

6

leur administration temporelle, bien que ces prêtres suivent pour leur régime intérieur la règle de saint Ignace, *n'est pas contraire aux lois du royaume.* »

Telle fut l'opinion sagement motivée de la majorité; pour nous servir des propres paroles de M. Ferry, « tel est le droit public, tel il était consacré sous la Restauration!... Ce qui était vrai, il y a cinquante ans, n'a pas cessé de l'être, car c'est le droit. »

En terminant, la Commission faisait une déclaration de principes que nous recommandons à M. Ferry. « Il ne suffisait pas, disait-elle, que les mesures proposées par la Commission fussent en harmonie avec *les droits sacrés de la religion, ceux du trône, de l'autorité paternelle et domestique*; il fallait encore, aux termes du rapport approuvé par V. M., qu'elles se coordonnasent avec notre législation politique et les maximes du droit public français, c'est-à-dire *avec les principes de la liberté individuelle et de la tolérance religieuse reconnus et consacrés par la Charte.* D'où il résultait l'indispensable nécessité d'écarter avec le plus grand soin, de la recherche des faits, toute présomption morale, toute induction, toute assertion, non susceptibles d'être constatées et prouvées légalement (1). La Commission se

(1) A plus forte raison, doit-on écarter des assertions calomnieuses et grossièrement insultantes, telles que s'en est permis M. Jules Ferry dans son discours d'Epinal.

trouvait encore placée dans l'impossibilité de proposer *aucune mesure qui ne pût être exécutée que par des moyens et dans des formes arbitraires et vexatoires*, parce qu'il ne s'agissait pas pour elle de recueillir des bruits publics, de prévoir des abus possibles et d'établir une théorie de répression, mais de constater des faits faciles à reconnaître légalement, des abus impossibles à dissimuler et d'en indiquer les remèdes, mais *des remèdes usuels, pratiques, constitutionnels*, également éloignés d'une faiblesse coupable et de l'apparence d'une persécution. »

XV

Pour la seconde fois, M. Portalis se trouvait pris dans ses propres filets. Il avait compté sur la connivence de la commission d'enquête, et celle-ci donnait au ministre du roi une sévère leçon. Ceux dans lesquels il avait surtout mis son espoir, MM. Dupin, Séguier et Laîné, ces grands défenseurs de la Loi et des libertés modernes, avaient été battus par leurs propres armes, au nom de la Charte et du droit français. Il n'y avait qu'un moyen de se tirer de ce mauvais pas, c'était de donner le change au public. En conséquence d'un mot d'ordre, les journaux de l'opposition chantèrent victoire : la commission n'avait-elle pas, comme naguère Mgr Frayssinous, constaté l'existence de huit petits séminaires confiés à des Jésuites? Qu'importaient les considérations dont elle faisait suivre cette déclaration officielle? *Quid adhuc egemus testibus?*

On eut recours, en outre, à l'intimidation. Les attaques violentes de la presse s'adressèrent, non plus aux Jésuites seulement, mais au gouvernement et même, à mots couverts, à la couronne. Un vieillard, digne émule de M. de Montlosier, M. Labbey de Pompières, porta à la Chambre un acte d'accusation contre les anciens ministres, leur reprochant « d'avoir appelé en secret des religieux que les lois, disait-il, désignent comme des ennemis de l'Etat, d'avoir couvert le pays de séminaires et de congrégations pour nous replacer sous le joug de Rome (1). » Le public ne vit là qu'une scène burlesque; mais les hommes sérieux qui devinaient le but de ces bruyantes démonstrations, appréhendaient que ce drame comique ne préludât à une tragédie.

Le ministre de la justice, renonçant au grand jour des commissions et des enquêtes, travaillait, en effet, dans l'ombre et le mystère, à la rédaction des fameuses Ordonnances. Déjà, le 30 mai, l'évêque de Beauvais, tout en défendant les Jésuites à la tribune de la Chambre, avait laissé entendre que des mesures extraordinaires ne tarderaient pas à être prises contre eux. « Il n'est pas vrai, avait-il dit, que les évêques soient dominés par les Jésuites; ces prélats peuvent les regarder comme d'utiles auxiliaires; mais ils se maintiennent dans toute leur indépendance et *ils attendent les ordres du roi pour s'y conformer*. »

Quels allaient être ces ordres du roi? On le sut bientôt. Mgr Frayssinous qui, malgré son éloignement du ministère, continuait à exercer une grande

(1) Séance du 14 juin.

influence à la cour, reçut communication du projet d'ordonnance royale (1), rédigé par M. Portalis. Il en fut consterné ; c'était la négation formelle de tout ce qu'il avait dit publiquement devant les deux Chambres, de ce qu'il répétait au roi dans des confidences intimes (2). Mgr d'Hermopolis en conféra,

(1) Dans la première rédaction, une ordonnance unique comprenait l'ensemble de toutes les mesures.

(2) Mgr Frayssinous a donné des détails intéressants sur ce sujet dans des notes qui portent pour titre : « *Récit abrégé de ce que j'ai dit et fait au sujet des ordonnances du 16 juin* 1828. » Voici d'ailleurs son témoignage : « A compter du lundi, 2 juin 1828, jusqu'au 14 inclusivement, j'ai été appelé cinq fois chez le roi à Saint-Cloud... Je lui dis : Sire, on ne s'est pas donné le temps de réfléchir, on dirait que les ministres étaient comme dans un état d'oppression quand ils ont rédigé l'ordonnance et qu'elle a été arrachée par violence ; il semble qu'elle ait été conçue dans un esprit de défiance et de haine contre l'épiscopat et la religion catholique, tant elle est dure, humiliante et pleine, dans son ensemble, de précautions et d'entraves contre les évêques. Si du moins, Sire, cette nouvelle concession devait être la dernière, si elle devait apaiser pour toujours les fureurs d'un parti ! Mais non ; n'est-il pas à craindre qu'elle n'en fasse demander d'autres encore ? C'est bien le cas d'appliquer le proverbe ? *l'appétit vient en mangeant.* Cette ordonnance désolera le clergé, contristera tous les vrais amis de la religion et de la légitimité... *Je l'avoue, pour rien au monde je ne voudrais contre-signer une pareille ordonnance ;* je n'aurais pas le courage de me perdre jamais dans l'esprit du clergé et des gens de bien... — Poursuivant mon récit, j'ai dit au roi au sujet des jésuites : M. Portalis, Sire, regarde

par ordre du roi, avec l'archevêque de Paris qui se prononça avec la même énergie contre le dessein de M. Portalis et pria Mgr Frayssinous de porter au pied du trône ses respectueuses doléances. Mgr de Quélen ne s'en tint pas là ; le 10 juin, il écrivit au roi, et comme il ne recevait pas de réponse, il se rendit au château de Saint-Cloud, la veille même de la publication des Ordonnances et demanda une audience particulière. Il y remit à Charles X des représentations écrites, tant en son nom qu'au nom de ses collègues; mais il n'obtint, pour toute réponse, que ce mot de découragement et de faiblesse : *Il est trop tard !* Comme s'il était jamais trop tard pour empêcher une injustice ou pour la réparer !

Charles X n'avait pour les Jésuites ni sympathie ni antipathie prononcée. Jamais il n'avait témoigné à aucun d'eux une particulière bienveillance ; il évitait avec soin tout ce qui aurait pu donner quelque ombrage à leurs adversaires. C'était l'expression vraie

leur existence actuelle en France comme illégale ; *mais je professe l'opinion contraire...* Mon opinion que j'ai soutenue, l'an dernier, à la chambre des Pairs, est soutenue par de très-savants jurisconsultes, tels que M. Pardessus et M. Delvincourt, doyen de la Faculté de droit... *Sire, quels sont leurs ennemis acharnés ? ce sont les protestants, les jansénistes, les impies, les révolutionnaires, les plus grands ennemis de la religion catholique et des Bourbons.* » (*Ami de la religion*, 27 février 1844.)

de ses sentiments qu'il laissait échapper, quand il disait à Mgr Frayssinous : *Je ne puis dire que je les aime, ni que je ne les aime pas.*

Les hésitations qu'il éprouva longtemps, au sujet des Ordonnances, n'étaient donc nullement l'effet de son affection pour eux. Mais sa conscience était troublée ; sa religion hésitait ; ses perplexités lui faisaient rechercher des conseils. Non content de s'entretenir avec Mgr Frayssinous, le roi chargea ce prélat de former une réunion d'ecclésiastiques « pour avoir de nouvelles lumières. » Cette réunion, qui se tint à l'archevêché, le 6 juin, était composée des archevêques de Paris et de Bordeaux, de l'évêque d'Hermopolis et de M. Desjardins, vicaire général de Paris. Il y fut décidé, à l'unanimité, qu'on ne pouvait approuver les Ordonnances et les trois prélats déclarèrent qu'*aucun d'eux ne voudrait prendre sur lui de les contre-signer*. Mais, d'autre part, raconte un témoin très-bien informé (1), il se rencontra un personnage haut placé, moins théologien que politique, qui effraya le timide monarque en lui parlant de *la raison d'Etat*. « Il y va, dit-il au roi, de votre couronne, et la tempête soulevée à propos des petits séminaires pourrait bien engloutir le vaisseau de

(1) L'abbé Catel, *Notice historique sur les ordonnances*, p. 29.

l'État. » Ce fut cette considération, bien mal fondée, qui décida Charles X à signer enfin les fatales Ordonnances, déjà dressées et toutes prêtes depuis le 2 juin.

Mais il s'agissait de trouver un ministre complaisant qui consentît à les contre-signer, tâche pénible qui revenait de droit au ministre des affaires ecclésiastiques. Mgr Feutrier opposa d'abord un refus formel et offrit même sa démission. Mgr Frayssinous nous a laissé le récit de cette scène émouvante. « M. l'évêque de Beauvais, raconte-t-il dans ses Notes, s'explique devant le roi, en plein conseil, refuse de contre-signer et donne sa démission. La discussion est très-vive. Les ministres sont déconcertés de la résolution de l'évêque de Beauvais à laquelle ils ne s'attendaient pas, et déclarent au roi que, si leur collègue se retire, ils sont obligés de se retirer eux-mêmes (1). On conçoit aisément que le roi dut se trouver dans le plus étrange embarras, persuadé que, dans les circonstances, il ne pouvait, sans danger, changer son ministère. Le 11 juin, Sa Majesté m'envoie un message ; je me rends à Saint-Cloud. La première chose qu'il me dit, est celle-ci : Voyez, l'évêque, dans quelle situation diabolique je me trouve.

(1) MM. de la Ferronnays et Hyde de Neuville annoncèrent que la retraite de Mgr Feutrier serait suivie de la leur.

D'un côté, l'archevêque de Paris m'écrit une lettre fort étrange, dans laquelle il semble aller plus loin que ce qui était convenu dans la réunion; et de l'autre, l'évêque de Beauvais ne veut plus contre-signer; et les ministres m'ont offert, en conséquence, leurs portefeuilles... Je pris la parole pour lui dire : Sire, je conçois toutes les répugnances de l'évêque de Beauvais. Au reste, le roi sait bien que je ne lui ai pas conseillé la mesure. — Cela est vrai, dit le roi; mais vous m'avez dit, que si je la jugeais nécessaire, on n'avait pas le droit de la condamner. — Oui, Sire, mais c'est là une chose dont je ne suis pas juge. »

Charles X était au désespoir; il craignait que l'évêque de Beauvais ne restât inébranlable dans sa résolution ; « mais celui-ci, ajoute Mgr d'Hermopolis, crut devoir *se sacrifier* pour ce qu'il regardait comme le service du roi, et s'exposer à tout ce qui est arrivé et qu'il prévoyait très-bien ». Voici comment s'accomplit *ce sacrifice*. Les ministres étant réunis en conseil, tout à coup le roi quitta son fauteuil, et allant droit à Mgr Feutrier, il lui prit les mains avec beaucoup d'émotion et les larmes aux yeux : « *Evêque de Beauvais*, lui dit-il, *voulez-vous donc m'abandonner?* » L'âme plus tendre que forte du ministre ne put résister à la douleur du vieux prince. « Non, Sire, s'écria-t-il; mais je ne puis signer un acte qui répugne à la conscience de M. d'Hermopolis. »

M. Portalis finit par proposer un moyen terme qui fut ainsi formulé : il fut convenu que le garde des sceaux signerait l'Ordonnance qui supprimait les huit établissements dirigés par les Jésuites et qui imposait aux directeurs et professeurs des maisons d'éducation, l'obligation d'affirmer qu'ils n'appartenaient à aucune congrégation religieuse non légalement établie en France. Le ministre des affaires ecclésiastiques devait signer seulement l'Ordonnance qui limitait le nombre des élèves des petits séminaires et créait dans ces établissements huit mille demi-bourses à 150 francs chacune. « Ce moyen terme, qui divisait la responsabilité, fit illusion à M. Feutrier (1). »

Ainsi que l'observait, en 1844, M. l'abbé Dupanloup, dans sa *seconde lettre à M. le duc Victor de Broglie*, « c'est donc au milieu des perplexités les plus cruelles et de ce que je ne crains plus maintenant d'appeler de véritables tortures morales, qu'un roi et un évêque se crurent condamnés à céder dans cette grande et mémorable circonstance, et léguèrent aux dépositaires futurs du pouvoir le triste exemple de ces concessions arrachées à la faiblesse : concessions funestes qui n'ont jamais sauvé et ne sauveront jamais les États ! »

(1) *Histoire de M. Frayssinous*, p. 643, 644.

Jusqu'au bout, Mgr d'Hermopolis fit preuve d'un courage admirable. « Le 14 juin, dit-il, je suis appelé. Le roi me fait connaître la division de l'ordonnance qui m'avait été communiquée, en deux ordonnances distinctes. Dans le premier plan, les maisons des Jésuites n'étaient pas nommées, et l'obligation de la *déclaration* (1) ne concernait que les maîtres employés dans les petits séminaires ; l'ordonnance contre-signée *Portalis*, telle qu'elle est, ne m'a été connue que par le *Moniteur*. Le roi avait pris son parti ; je vis très-clairement qu'il ne voulait plus discuter; je me bornai à dire que les résultats étaient les mêmes et que la responsabilité du ministre des affaires écclésiastiques serait encore bien grande aux yeux du public. » Je me souviens que le roi me dit une fois : *salus populi*... tant il était persuadé, lui et son ministère, de la nécessité de la mesure. »

Salus populi ! le salut public ! Charles X ne se souvenait-il pas que cette raison révolutionnaire avait fait tomber sous le couteau de la guillotine la tête de son infortuné frère Louis XVI ?

(1) Il s'agit de la déclaration écrite qu'on n'appartenait à aucune congrégation non autorisée.

XVI

Le jour même où les Ordonnances furent publiées au *Moniteur*, « M. le Dauphin ayant dit à la Cour que les consciences devaient être tranquilles, et ayant donné pour raison décisive que Mgr l'évêque d'Hermopolis n'aurait pas refusé de la contre-signer : « *Pardon*, *Monseigneur*, répondit le prélat, *foi d'honnête homme, je n'aurais pas signé* (1). »

Pour être entièrement exact, il faut ajouter que Mgr Frayssinous avait cependant dit au roi « qu'il restait seul juge des *raisons d'Etat*, et que si le prince estimait cette mesure nécessaire, on n'avait pas le droit de le condamner. » Avec le respect dû à la mémoire du vénérable évêque, nous n'hésitons pas à déclarer qu'en cela il commettait une grave erreur. Il n'est pas de *raison d'Etat* qui puisse rendre licite un acte reconnu essentiellement nuisible à la religion. Jamais il n'est *nécessaire* de se prêter à ce que défend la conscience, et toutes les subtilités s'évanouissent devant ce principe de l'éternelle équité : *Non sunt facienda mala, ut eveniant bona.* A la rigueur, un homme politique peut s'y tromper,

(1) *Seconde lettre de M. l'abbé Dupanloup à M. le duc de Broglie.*

comme il arriva au duc de Cadorre, quand, pour justifier le sacrilége envahissement de Rome, il s'oubliait jusqu'à dire, devant le sénat-conservateur : *Ce que la politique conseille, la justice l'approuve.* Mais pareille maxime est en contradiction avec toute la théologie catholique et M. Frayssinous, si grand admirateur de Bossuet, n'aurait eu qu'à ouvrir la *Politique sacrée* pour s'en convaincre (1).

Le 17 juin 1828, parurent enfin les trop fameuses Ordonnances datées de la veille. L'une, signée par le comte Portalis, était dirigée contre les Jésuites; l'autre, à laquelle Mgr Feutrier avait consenti à attacher son nom, déclarait que le nombre des élèves des écoles secondaires ecclésiastiques, aussi bien que le nombre de ces écoles, serait fixé par le gouverne-

(1) Dans son *Histoire du gouvernement parlementaire* (T. IX, p. 570), M. Duvergier de Hauranne raconte que, parmi les personnes consultées pour le roi et qui calmèrent ses scrupules, figurait « *l'abbé Roussin* (*sic*), supérieur provincial des jésuites de France, qui sans doute était d'avis qu'il valait mieux ployer quelque temps que de se faire briser. » Cet historien ajoute en note qu' « il emprunte ces détails presque textuellement à des mémoires inédits d'une grande valeur. » — Par malheur il n'a jamais existé de *P. Roussin*. Si l'on entend parler du P. Ronsin, l'erreur subsiste encore; jamais celui-ci n'a été provincial. En juin 1828, il était simple religieux et ne dirigeait même plus la Congrégation. Aussi bien Charles X ne consultait pas les jésuites, surtout en pareille affaire; le P. de Mac-Carthy qui prêchait alors à la cour, ne reçut lui-même aucune des confidences royales.

ment; interdisait l'admission des externes; ordonnait le port de l'habit ecclésiastique pour tous les élèves âgés de plus de quatorze ans (1); restreignait aux grades de théologie l'effet du diplôme de bachelier ès lettres obtenu à la suite des études faites dans les séminaires; soumettait la nomination des supérieurs et des directeurs à l'agrément du roi (2); enfin, sans doute dans l'espoir de se faire pardonner ces intolérables prétentions, on créait, nous l'avons dit, huit mille bourses dans les petits séminaires.

Certes, l'évêque de Beauvais, en signant de telles dispositions, avait été jusqu'aux extrêmes limites de la complaisance. Et cependant sa conscience, à ce point facile, s'était révoltée, à la seule pensée d'apposer son nom à la première Ordonnance qui appartient trop à notre sujet, pour que nous n'en donnions pas ici le texte tout entier.

(1) Dans la rédaction primitive de l'ordonnance, il y avait un article où l'on allait jusqu'à exiger « que les élèves parvenus à un certain âge, et *après deux ans de séjour*, fussent tonsurés ! »

(2) Dans le premier projet, l'approbation royale était exigée pour tous les maîtres et les moindres surveillants ! Tout cela, par peur, vraie ou feinte, des jésuites. « Le ridicule devait le disputer à l'odieux, » dit fort à propos l'éloquent auteur des *Lettres à M. le duc de Broglie.*

« Charles, etc.

« A tous ceux qui ces présentes verront, salut.

« Sur le compte qui nous a été rendu :

« 1° Que parmi les établissements, connus sous le nom d'*écoles secondaires ecclésiastiques*, il en reste huit qui se sont écartés du but de leur institution, en recevant des élèves dont le plus grand nombre ne se destine pas à l'état ecclésiastique ;

« 2° Que ces huit établissements sont dirigés par des personnes appartenant à une congrégation religieuse non légalement établie en France;

« Voulant pourvoir à l'exécution des lois du royaume :

« De l'avis de notre conseil,

« Nous avons ordonné et ordonnons ce qui suit :

« Art. 1er. A dater du 1er octobre prochain, les établissements connus sous le nom d'*écoles secondaires ecclésiastiques*, dirigés par des personnes appartenant à une congrégation religieuse non autorisée, et actuellement existant à Aix, Billom, Bordeaux, Forcalquier, Montmorillon, Saint-Acheul et Sainte-Anne d'Auray, seront soumis au régime de l'Université.

« Art. 2. A dater de la même époque, nul ne pourra être ou demeurer chargé soit de la direction, soit de l'enseignement dans une des maisons dépendantes de l'Université, ou dans une des écoles secondaires ecclésiastiques, s'il n'a affirmé par écrit qu'il n'appartient à aucune congrégation religieuse non légalement établie en France.

« Art. 3. Nos ministres secrétaires d'Etat sont chargés de l'exécution de la présente ordonnance, qui sera insérée au *Bulletin des lois*.

« Donné en notre château de Saint-Cloud, le 16 juin de l'an de grâce 1828 et de notre règne le quatrième.

« CHARLES.

« Par le Roi,

« *Le pair de France, garde des sceaux, ministre secrétaire des lois au département de la justice,*

« Comte Portalis. »

XVII

Tel était le dénouement de la campagne entreprise contre les Jésuites. Il était fait pour ne contenter personne. Les ennemis acharnés étaient les moins satisfaits; ce qu'ils avaient bruyamment réclamé, comme conséquence de la pétition Montlosier et du rapport de M. Portalis lui-même, c'était l'entière dissolution de la Compagnie de Jésus, c'était la dispersion, l'expulsion de ses membres. Or, de l'Ordonnance même, on était en droit de conclure que, nonobstant les arrêts du Parlement, les édits de Louis XV et de Louis XVI, la loi de 1792, le décret du 3 messidor an XII, et tant d'autres textes si souvent cités, les religieux de la Compagnie de Jésus, sans former une corporation légalement reconnue, pouvaient vivre en commun à l'abri de la Charte et jouir comme individus, de tous les droits civils et politiques afférents au titre de citoyens français.

Si l'enseignement leur était interdit, c'était en vertu du *monopole universitaire* et du pouvoir arbitrairement exercé par l'Etat sur tous les établissements d'éducation. L'Ordonnance du 16 juin, conséquence du monopole, était donc destinée à disparaître avec lui, du jour où la liberté d'enseignement serait enfin conquise. C'est ce que déclarait plus tard un de ses principaux auteurs, M. de Vatimesnil.

On le voit, c'était trop peu pour apaiser la haine du parti anti-religieux. Les esprits vraiment libéraux qui, sans s'affranchir des préjugés alors répandus contre le parti-prêtre, gardaient le sentiment de la justice et du droit, ne virent dans l'Ordonnance Portalis qu'un abus d'autorité. Le jour même de la publication, M. de la Ferronnays rencontra Benjamin Constant chez le président de la Chambre. « Eh bien ! êtes-vous enfin content, lui dit-il? — Non, répondit Benjamin Constant; ce n'est point là ce que nous voulions : *nous voulions la liberté d'enseignement.* — Vous avez cependant les Jésuites de moins. — Peu nous importe, ce n'est pas là ce que nous demandions (1). »

Le gouvernement avait donc commis une grave faute, et par surcroît, une faute inutile.

M. le comte Beugnot, dont le nom devait, en 1850, retentir avec tant d'honneur dans les grandes discussions de la loi d'émancipation des catholiques, était, sous la Restauration, de même avis que Ben-

(1) Récit fait plus tard par M. de la Ferronnays lui-même à M. l'abbé Dupanloup. (*Deuxième lettre à M. le duc de Broglie*).

jamin Constant, par rapport à l'ordonnance du 16 juin. « Je ne sais, disait-il un jour à la Chambre des Pairs (1), je ne sais si mes souvenirs ne me trompent; mais il me semble *qu'en* 1828 *nous poursuivions tout autre chose que les Jésuites*... Et si ma mémoire est bonne, je rappellerai aux personnes qui étaient alors dans l'opposition que, *si les Jésuites nous avaient manqué*, nous aurions trouvé d'autres motifs pour justifier et affermir notre opposition. »

Si le parti libéral accueillait l'ordonnance royale avec dédain ou avec colère, pour des raisons bien différentes tous les catholiques, à la première nouvelle, firent éclater leur indignation et leur douleur. Un journaliste éloquent, M. Laurentie, ancien membre de l'Université, s'en fit l'interprète, dans la *Quotidienne* (2). « Le voilà donc enfin, s'écriait-il le jour même, ce grand dénouement de tant d'intrigues, de tant de fureurs, de tant d'outrages et de tant de haines ! Deux ministres font faire à la monarchie légitime ce que la révolution n'a jamais songé à arracher à Bonaparte. L'un de ces ministres est le chef de la magistrature française et le gardien des lois; l'autre est un évêque catholique, le dépositaire public des droits de ses frères dans l'épiscopat... Ap-

(1) Séance du 26 avril 1844.

(2) 17 juin 1828.

plaudissez, race d'impies et de sacriléges, écrivains factieux, applaudissez. Voici un prêtre qui vous livre le sanctuaire; voici un magistrat qui vous livre le pouvoir. Etes-vous contents? Vous ne vouliez pas de Jésuites : attendez, vous n'aurez pas même de prêtres. Vous ne vouliez pas de ces huit écoles secondaires ecclésiastiques dont les disciples étaient, par leur multitude et par leur piété, une accusation vivante contre vos écoles d'athéisme : attendez, vous n'aurez pas même ces petits séminaires où la milice sainte se recrutait par le zèle et la ferveur des exemples. Tous vos vœux sont comblés et au delà. Vous invoquiez les libertés de l'église gallicane : attendez, et tout à l'heure l'église gallicane ne sera même plus.

« Nous l'avouons, disait plus loin le véhément écrivain; à la douleur profonde qui soulève notre cœur et fait couler nos larmes, se mêlent une indignation et un mépris qui emportent nos pensées par delà toutes les bornes... Ce n'est point à présent que nous allons commencer ces discussions (au sujet des Ordonnances); nous les livrons à la méditation de nos lecteurs. Qu'ils remarquent, dans celle de M. Portalis cette inquisition qui va sonder les consciences; car nous ne parlons pas ici du droit d'enseignement, cela viendra plus tard. Qu'ils voient donc ces essais de persécution odieuse, ces tentatives d'une haine

7.

qui, ne pouvant allumer des bûchers, va bourreler les cœurs. Voilà l'ordre légal de ce temps-ci ; c'est l'ordre légal de Julien ; mais c'est pis, cent fois pis ! Il ne suivait pas le régime de la charte, et il ne joignait pas aux horreurs de l'intolérance; l'hypocrisie de la protection. » Et avec l'intrépidité d'un confesseur de la foi, l'écrivain catholique, prévoyant d'autres iniquités, achevait par ces fières paroles : « La foi n'est pas éteinte parmi nous ; il reste assez de chrétiens fidèles pour lutter contre les persécuteurs. Et après tout, si la gloire du martyre était renouvelée *au nom de la liberté*, c'est un assez beau prix des sacrifices que l'on ferait à une religion divine, pour laquelle, prêtres et fidèles, pontifes et simples chrétiens, nous avons tous juré de mourir. »

Avec une raison plus froide, mais avec non moins d'énergie, l'*Ami de la Religion* et les autres organes de la presse religieuse, protestèrent contre la faiblesse du ministère, devenu persécuteur sans le vouloir.

Le *Globe* (1), appréciant avec une louable impartialité les Ordonnances du 16 juin, s'écriait à son tour : « Voilà une étrange règle imposée au pays ! c'est la loi du test de l'Angleterre, et comment imposée ? En vérité, nous n'y concevons rien et pour une périphrase de concessions, d'ailleurs illusoires,

(1) 21 juin 1828.

aux préjugés contre les associations religieuses, c'est créer un antécédent déplorable, c'est renouveler les billets de confession, les déclarations de civisme : c'est commander l'hypocrisie, le mensonge, et le commander sans nécessité. »

Je sais bien que M. Portalis estimait trop ses adversaires pour les croire capables de mentir ; il était sûr que son odieuse inquisition porterait ses fruits, et que les Jésuites abandonneraient leurs chaires d'enseignement, plutôt que de s'y maintenir aux dépens de la vérité. Mais n'était-il pas plus coupable de spéculer ainsi sur la loyauté de ceux qu'il forçait en quelque sorte, à se dénoncer et à se punir eux-mêmes?

Aux protestations de la presse périodique vint s'ajouter celles de plusieurs personnages politiques dont M. Berryer se fit l'interprète. *Le conseil général de l'association pour la défense des intérêts de la religion catholique*, étant réuni (1) sous la présidence de M. le duc d'Havré, M. Berryer fils présenta un rapport sur les Ordonnances du 16 juin, qui résumait les délibérations d'une commission spéciale, nommée à cet effet (2). L'illustre avocat se proposait

(1) Le 31 juillet 1828.

(2) Elle était composée du vicomte Dambray, du marquis de Dampierre, pairs de France, de M. Duplessis de Grénédan, député, et de M. Berryer fils, avocat.

« de rechercher spécialement en quoi les dispositions des deux Ordonnances étaient conformes ou opposées aux lois du royaume. » Commençant par dégager et mettre en évidence l'idée mère des deux Ordonnances, « leur objet, dit-il, est d'interdire les fonctions de l'éducation publique aux membres de toute congrégation religieuse *non légalement établie* en France, et de réduire le nombre d'écoles ecclésiastiques à celui des élèves qui peuvent y être admis, de manière à n'y laisser pénétrer que des enfants nécessairement consacrés au sacerdoce. » M. Berryer remarquait ensuite que deux principes semblaient avoir guidé les conseillers de la couronne : 1° la prohibition en France des congrégations religieuses non légalement établies ; 2° le droit exclusif créé par les décrets impériaux en faveur de l'Université. Quant au premier principe, il montrait tout ce qu'il avait d'inconséquent ou de faux dans la prétention de remettre en vigueur les anciennes décisions royales sur des matières particulières qui intéressent l'ordre religieux ou l'ordre politique. « De nouvelles mesures, disait-il, règlent en France tous les droits ; de nouveaux rapports sont établis entre la religion et l'Etat. La liberté de conscience, l'égale protection accordée à divers cultes, la libre publication des opinions et des doctrines, l'uniforme autorité des lois de police intérieure, l'abolition des priviléges personnels, l'égalité d'aptitude politique pour tous les emplois : *toute notre législation enfin repousse cette alliance bizarre entre les choses présentes et les lois d'un temps qui n'est plus.* »

L'orateur faisait ensuite l'histoire de la législation relative aux congrégations religieuses depuis 1789, de laquelle il résultait que le gouvernement impérial, le gouvernement consulaire, l'Assemblée constituante n'ont laissé aucun acte législatif qui exclue les membres des congrégations religieuses des fonctions de l'enseignement public (1) ; et que c'est dans les archives de la Convention qu'on a pu découvrir les principes constitutifs de *l'ordre légal* avec lesquels on met en harmonie des ordonnances publiées au nom du roi (2). » Ce prétendu *ordre légal*, disait M. Berryer, n'est nullement légal sous l'empire de la Charte. En effet, ou l'Etat en France est catholique, et alors les lois et règlements doivent être en harmonie avec la religion catholique, et ne peuvent par conséquent frapper d'incapacité et exclure de la

(1) Par conséquent, les Ordonnances, qui supposaient des lois existantes à l'exécution desquelles il s'agissait de pourvoir, n'avaient aucune base solide, puisqu'elles prétendaient appliquer des lois *qui n'existaient pas*.

(2) Que dire de l'inconséquence d'un ministre de la République qui, en 1879, fonde l'*ordre légal* sur une ordonnance royale de 1828 ?

loi commune les sujets qui se vouent à la profession religieuse recommandée par l'Evangile, par les apôtres et par l'Eglise; ou l'Etat n'a point de religion propre, c'est-à-dire *la loi est athée et doit l'être*, et alors, l'Etat doit respecter les engagements religieux consacrés dans un culte régulièrement établi, comme il doit respecter la conscience et la pensée. « Comme le religieux ne reçoit aucune protection particulière de l'autorité civile, comme il n'a point de devoirs spéciaux à remplir envers elle, l'autorité n'a point de droits ni de pouvoirs particuliers à exercer sur lui. Si, dans un tel ordre de choses, on consulte les lois politiques où il est écrit que l'Etat ne reconnaît pas l'engagement religieux, cela veut dire qu'il ne voit dans la personne qui a fait des vœux solennels qu'une personne libre et semblable en tout aux autres habitants du territoire; mais il n'en résulte point que l'Etat interdise à ses membres la liberté de former un engagement de conscience et de se soumettre aux pratiques de la vie religieuse. *D'où il suit que c'est par une violation manifeste de tous les droits qu'on ravirait aux membres des congrégations religieuses la capacité, commune aux hommes de toutes les religions, de remplir les importantes fonctions de l'instruction publique.* »

Ainsi parlait Berryer sous le régime même du monopole universitaire. Combien, après bientôt trente ans de liberté d'enseignement, son raisonnement est plus invincible encore !

Après s'être vivement élevé contre l'étrange prétention d'obliger toutes les personnes attachées à l'Université ou soumises à son régime, à déclarer par écrit qu'elles n'appartiennent à aucune congrégation religieuse, il passe à la question du monopole universitaire, retrace l'histoire de la législation sur cette matière et établit « qu'il n'existe point de loi qui ait constitué l'Université ; que son existence et celle des petits séminaires émanent de la même autorité s'exerçant dans la même forme et par des actes de même nature ; que les règlements universitaires n'ont été maintenus qu'en ce qui n'était point contraire à l'établissement des écoles ecclésiastiques ; que loin d'être favorisé, ce privilége exclusif de l'éducation n'a été considéré que comme une anomalie funeste qu'on promettait de faire bientôt cesser ; qu'enfin, ce qui est bien digne de remarque, l'exécution actuelle des règlements de l'Université n'est qu'une exécution provisoire, tandis qu'au contraire l'organisation des écoles ecclésiastiques était définitivement réglée par le roi. »

L'orateur terminait cette discussion lumineuse par ces éloquentes paroles : « Quels sont les motifs impérieux qui ont à ce point violenté la conscience des ministres ? Nous ne voudrions pas les accuser d'avoir écouté timidement les clameurs des ennemis de la religion et de la royauté ; mais pourquoi sont-ils restés sourds aux plaintes et aux reproches que les hommes religieux et les sujets fidèles élèvent depuis quatorze ans contre le régime intérieur des maisons soumises à l'Université ? Diront-ils que c'est par la destruction des établissements religieux qu'ils se proposent d'assurer les destinées de la monarchie ? »

Ainsi parlait Berryer, au nom de la justice et du droit (1). A cette voix éloquente celle de l'épiscopat vint s'unir, pour protester au nom de l'Eglise.

Avant même la publication des Ordonnances du 16 juin, l'archevêque de Bordeaux et les autres prélats qui se trouvaient à Paris s'étaient rendus à la cour, pour représenter au roi « la grandeur du mal qui allait en résulter pour la religion (2). » Mais ils n'avaient pas été plus heureux dans leurs démarches, que Mgr de Quélen et Mgr Frayssinous dans les leurs. Ils ne se découragèrent pas néanmoins et, dès le

(1) M. de Villèle écrivait sur son carnet, à la date du 17 juin : « Les Ordonnances contre les jésuites constristent tous les hommes d'ordre et de sens par la violence qu'on a faite au roi qui les a longtemps refusées... les nouvelles qui nous viennent des départements sur l'effet des Ordonnances sont de plus en plus tristes. Les bons sont attérés par cet acte de faiblesse, les méchants triomphants.» (*Histoire de la Restauration*, par Nettement, VIII, 126, note.)

(2) *Histoire du cardinal de Cheverus*, p. 175.

17 juin, ils se réunissaient à l'archevêché pour former une commission qui devait se mettre en rapport immédiat avec les Métropolitains et par eux avec leurs vénérables collègues de la province (1).

Nous n'entrerons pas dans le détail des négociations qui se poursuivirent entre la commission centrale et les évêques; on peut les lire dans un livre plein d'intérêt, écrit par un témoin sur pièces officielles (2). Il suffit de dire quel en fut le principal résultat. Le 1er août, un Mémoire fut remis au roi, revêtu de soixante-treize signatures. L'épiscopat français comptait alors quatre-vingts représentants; six prélats n'avaient pas cru devoir donner une adhésion publique à la protestation de leurs collègues; le septième, dont le nom faisant défaut, était Mgr Feutrier contre lequel elle était dirigée. Ces abstentions ne signifiaient nullement une approbation donnée aux

(1) Cette commission était composée de sept membres: Mgr de Quélen, président; NN. SS. de Cosnac, évêque de Meaux; de Gualy, évêque de Saint-Flour; Salmon-Duchatellier, évêque d'Evreux; de Forbin-Janson, évêque de Nancy; Dupont-Poursat, évêque de Coutances; duc de Rohan, archevêque nommé de Besançon.

(2) *Notice historique sur les ordonnances du 16 juin 1828, d'après les pièces officielles jusqu'ici inédites,* par un ancien vicaire général (M. Catel, grand vicaire de Mgr d'Amasie, Gaston de Pins, administrateur du diocèse de Lyon). Lyon, 1846.

Ordonnances. Parmi les prélats qui ne signèrent pas, nous remarquons, en effet, Mgr de Cheverus, archevêque de Bordeaux, qui, nous l'avons vu, les avait d'avance condamnées devant le roi; Mgr de Brault, archevêque d'Alby, qui pensait comme son saint ami et croyait, comme lui, pouvoir « se ranger à l'avis de Mgr d'Hermopolis » touchant *la raison d'Etat* et *le cas de nécessité*. Je ne vois que Mgr Raillon, évêque de Dijon, ancien prêtre jureur, qui ait osé soutenir que, dans les Ordonnances, il ne s'agissait *ni du dogme, ni de la discipline de l'Eglise;* mais n'avait-il pas dit de même de la Constitution civile du clergé?

Le *Mémoire* des évêques, publié aussitôt que présenté au roi, sans doute par l'indiscrétion de quelque secrétaire de chancellerie (1), eut un grand retentissement, tant à cause de la qualité de ses auteurs que de l'importance des questions débattues. Nous n'en citerons que ce qui va directement à notre sujet. Les prélats y faisaient justice du prétexte de la *non-existence légale* opposée aux religieux d'une congrégation religieuse, par cette raison que « la loi n'a pas à s'enquérir des liens spirituels qui attachent *les indi-*

(1) Il parut, le 11 août, par extraits, dans la *Gazette de France* qui, le 14, l'inséra tout entier. Quelques semaines après, il se répandit dans toute l'Europe.

vidus à telle congrégation, et qu'elle ne peut donc pour ce seul fait exclure ces prêtres de l'enseignement. »

« Sire, disaient-ils avec une noble indépendance, les évêques ont examiné dans le secret du sanctuaire, en présence du souverain Juge, avec *la prudence et la simplicité* qui leur ont été recommandées par leur divin Maître, ce qu'ils devaient à César comme ce qu'ils devaient à Dieu. Leur conscience leur a répondu qu'il valait mieux obéir à Dieu qu'aux hommes. Lorsque cette obéissance qu'ils doivent premièrement à Dieu ne saurait s'allier avec celle que les hommes leur demandent, ils ne résistent point; ils ne profèrent pas tumultueusement des paroles hardies; ils n'expriment pas d'impérieuses volontés; ils se contentent de dire avec respect comme les apôtres : *Non possumus*, nous ne pouvons pas; et ils conjurent Votre Majesté de lever une impossibilité toujours si douloureuse pour le cœur d'un sujet fidèle, vis-à-vis d'un roi si tendrement aimé. »

Après avoir signalé les funestes conséquences des ordonnances relativement à l'éducation des clercs et à la perpétuité du sacerdoce, les évêques s'exprimaient en ces termes au sujet des Jésuites : « De quel effroi la Religion n'a-t-elle pas dû être saisie ? Que de larmes n'a-t-elle pas dû répandre en entendant l'arrêt qui exclut à jamais de la perfection de ses enseignements les enfants de tant de familles honorables!... Mais combien cet effroi a-t-il été augmenté, combien ces larmes sont-elles devenues plus amères, lorsqu'on a vu répudier de l'instruction publique les maîtres les plus capables de former la jeunesse aux vertus du christianisme, quand même ils ne seraient pas reconnus comme les plus habiles pour enseigner les lettres humaines!... Ces alarmes redoublent avec sa douleur, depuis qu'elle voit écarter avec tant de précaution d'auprès des générations qui s'élèvent ces infatigables et zélés précepteurs de l'adolescence. »

Le roi reçut des mains du cardinal de Clermont-Tonnerre le mémoire des soixante-treize évêques contre les Ordonnances. Un témoin raconte que le visage du prince parut altéré et qu'on crut y voir le chagrin causé sans doute par ces mesures qui déplaisaient à son cœur profondément religieux (1).

Le ministère s'était jeté, par sa faiblesse et sa coupable complaisance, dans d'inextricables embarras. Il n'avait rien gagné, ou presque rien, du côté de l'opposition, en lui livrant les Jésuites, et il avait provoqué contre lui l'indignation des catholiques et la résistance respectueuse, mais très-ferme de l'épiscopat. Une fois engagé dans la voie des expédients ina-

(1) *Notice historique sur les Ordonnances*, p. 90.

vouables, il ne pouvait plus s'arrêter. Il fit des efforts inouis pour étouffer les protestations qui s'élevaient de toutes parts contre lui. M. Portalis écrivit à ses procureurs généraux; M. de Vatimesnil, grand-maître de l'Université, à ses recteurs d'académie ; Mgr Feutrier lui-même aux évêques. Le ministre des affaires ecclésiastiques, isolé au milieu de l'Eglise dont il aurait dû prendre en mains les plus chers intérêts, cherchait à s'abriter derrière l'autorité royale. Déjà, dans une circulaire datée du 30 juin et qui accompagnait l'envoi des Ordonnances, l'évêque de Beauvais faisait à chaque ligne intervenir le nom du roi. « Sa Majesté me charge de vous dire qu'elle compte sur votre coopération pour l'entier accomplissement des mesures prescrites. Je m'empresserai de l'informer de celles que vous aurez prises pour remplir ses intentions. »

Les évêques de France, sans tenir compte de cette invitation, s'étaient, nous l'avons vu, directement adressés à Charles X. En vain le ministre, confus et troublé du rôle qu'une première faute le condamnait à jouer, essaya-t-il l'apologie des Ordonnances dans une nouvelle circulaire (30 août) ; on garda envers lui le silence.

Une grande démarche venait d'être faite par tous les prélats signataires du mémoire, auprès du Souverain Pontife, pour le consulter sur le jugement à porter et la conduite à suivre. La commission des évêques siégeant à Paris avait annoncé aux divers diocèses de France que la cause était déférée à Rome. Cependant, au grand étonnement de tous, aucune décision du Saint-Siége n'arrivait. Mgr d'Amasie, administrateur du diocèse de Lyon, écrivit alors, par deux fois, à Léon XII; il ne reçut pas de réponse. Une troisième fois il fit instance auprès de Sa Sainteté (24 octobre), et ce fut alors qu'on apprit que, non-seulement les deux premières lettres du prélat, mais le mémoire collectif de tous les évêques de France *avaient été interceptés !*

Le 15 novembre 1828, un Bref du Pape en informait Mgr d'Amasie. « Vous vous êtes persuadé, et peut-être croyez-vous encore que nous avions été consulté sur les fameuses Ordonnances par tous ou par la plupart des évêques de France, et qu'ils nous avaient prié d'en porter notre jugement : *un tel fait nous est entièrement inconnu* (1). » Comment expliquer la soustraction de ces pièces importantes? Où avait-elle eu lieu? Sur qui doit en retomber la responsabilité? Le problème est encore à résoudre; mais le fait est certain. L'administrateur de Lyon,

(1) *Notice historique*, p. 165 et 220. — *Ab omnibus aut plerisque Galliæ episcopis* [*Nos*] *fuisse consultos... quod profecto Nobis ignotum est.*

armé du Bref qu'il venait enfin de recevoir, se rendit à Paris pour assister, en sa qualité de pair, à l'ouverture des Chambres; son intention était de rendre publique la déclaration du Pape; mais il crut devoir céder aux instances très-vives du nonce apostolique, Mgr Lambruschini, qui, n'ayant reçu aucune instruction, ne pouvait, disait-il, consentir à la publication d'une lettre qu'il estimait *confidentielle*.

Le ministère tira parti de ce silence qui laissait les évêques et tous les catholiques dans l'indécision et l'embarras. Il dépêcha à Rome un messager officieux, M. Lasagny, conseiller à la Cour de cassation, homme d'un caractère fort honorable, mais dont la mission était bien épineuse (1); il devait exposer au Saint-Père *le véritable état des choses* et obtenir qu'aucune censure ne vînt, sur les instances des évêques, attiser le feu de la discorde. En un mot, M. Lasagny avait à jouer, en 1828, à peu près le même rôle dont s'acquitta si bien, en 1845, M. Rossi par ordre de M. Guizot. L'envoyé français y fut aidé par Mgr Lambruschini qui, dans une dépêche adressée au cardinal Bernetti, secrétaire d'Etat, exprimait la pensée que « le parti le plus sage auquel le Saint-Siége pût s'arrêter pour le moment, c'était de suivre

(1) M. de Blacas, ambassadeur de France à Rome, avait reçu, de son côté, des instructions particulières pour le même objet.

le cours des événements et d'attendre les développements ultérieurs, avec la pensée de profiter du premier moment favorable pour parler à propos et avec utilité. » C'était donc une politique expectative que le diplomate conseillait au Souverain-Pontife, et nullement une approbation des Ordonnances qu'il songeait à demander. Lui-même avait eu l'occasion, avant leur publication même, de dire au roi combien il les déplorait. Mais, effrayé de l'agitation croissante des esprits, touché des angoisses du malheureux prince, effrayé de la perspective d'un conflit entre le gouvernement français et le Saint-Siége, le nonce s'imaginait que l'heure en était encore aux atermoiements.

Sur ces entrefaites, le bruit se répandit à Paris que *Rome avait parlé* et que Léon XII approuvait les Ordonnances. Pour preuve on affirmait qu'une note secrète du cardinal Bernetti était parvenue aux ministres, qui se gardaient bien de la publier. On se contentait d'en reproduire le sens général; le Pape désirait *que les Évêques se confiassent à la piété du roi et marchassent d'un commun accord.* Les journaux ministériels auxquels le mot d'ordre était donné, enchérissaient encore, et annonçaient comme de raison que le secrétaire d'Etat exigeait, au nom du Saint-Siége, *l'entière soumission aux Ordonnances.*

Cependant, M. le duc de Rohan, archevêque nommé de Besançon, ainsi que les archevêques de Reims et de Paris, qui seuls avaient eu le privilége de lire la lettre mystérieuse, protestaient qu'ils n'y avaient rien vu de pareil ; qu'on y parlait bien de « confiance dans la haute piété du roi », mais non « de se montrer complaisant dans la ligue de la conscience. »

Le ministère, qui avait un si simple moyen de faire cesser toutes les incertitudes en communiquant les ordres du Pape à tous les évêques, inventa la plus extraordinaire et la moins régulière voie de transmission. Il envoya secrètement à Reims le directeur des affaires ecclésiastiques, l'abbé de la Chapelle, auprès du cardinal-archevêque, Mgr de Latil, sur lequel la cour croyait pouvoir compter. De quelles instructions fut-il chargé? Quels conseils donna-t-il? Tout cela reste un mystère. Toujours est-il que, le 25 septembre, le cardinal, on ne sait à quel titre, adressa de Reims « aux Archevêques de France, » la lettre suivante, faite pour déconcerter tout l'Episcopat :

« Monseigneur,

« Le roi ayant daigné me communiquer les réponses de Rome relatives aux Ordonnances du 16 juin, et m'ayant invité à vous en donner connaissance, j'ai l'honneur de vous informer que Sa Sainteté, persuadée du dévouement sans réserve des évêques de France envers Sa Majesté, ainsi que de leur amour pour la paix et tout autre véritable intérêt de notre sainte religion, a fait répondre que les évêques doivent se confier en la haute piété et la sagesse du roi pour l'exécution des Ordonnances et *marcher d'accord avec le trône*. Veuillez bien vous charger de faire parvenir cette réponse à Mgrs les évêques de la province de *** ».

Ainsi tout le monde parlait de la Note de Mgr Bernetti; et les quatre prélats qui seuls l'avaient lue, ne s'accordaient pas même sur le sens de cette missive! Et la communication, non du texte, mais de la pensée générale, était faite par l'archevêque de Reims, au lieu de partir du ministère des affaires ecclésiastiques avec la signature de Mgr Feutrier! Si la lettre du secrétaire d'Etat était si favorable au gouvernement et, comme disait le duc de Rohan, *si mielleuse*, pourquoi ne pas triompher en la publiant? Si c'était une décision pontificale, comment revêtait-elle la forme d'une simple note diplomatique, adressée par le secrétaire d'Etat au ministère des affaires étrangères (1)?

Voilà ce qui demeurait inexplicable en 1828; d'interminables discussions s'en suivirent, et les évêques, admirablement unis jusqu'alors, se divisèrent sur la

(1) Le comte Portalis, ministre des affaires étrangères par la retraite de M. de la Ferronnays.

conduite à suivre au milieu d'une telle confusion. N'était-ce pas le principal résultat où l'on avait voulu arriver ?

Comme le remarquait fort judicieusement Mgr d'Amasie, dans sa réponse au cardinal de Latil, « en **1790**, la religion du roi-martyr avait été trompée. On fit alors circuler des réponses de Rome favorables à la constitution civile du clergé, et les abîmes s'ouvrirent pour engloutir le trône et l'autel. » Et à la notification de l'archevêque de Reims il opposait ce dilemme : « De deux choses l'une : ou le jugement des évêques est selon la vérité, lorsqu'ils signalent les ordonnances comme renfermant une doctrine également fausse, dangereuse, attentatoire au droit divin,... et alors ils doivent se maintenir dans le domaine de leur mission divine ; ou ils ont jugé contre la vérité, et *c'est à Pierre à redresser leur jugement par une sentence pontificale.* »

Un esprit aussi grave qu'avisé, M. Vuarin, curé de Genève, écrivait de son côté : « Monseigneur, il est affligeant de voir comme tout *va à la débandade* parmi ceux qui paraissent si décidés et si unis dans les représentations faites au roi. *Je ne comprends rien à la mystification opérée par le message Bernetti... Le temps éclaircira le mystère.* »

Le temps, en effet, mais bien tard, a éclairci le mystère. Ce n'est qu'en 1846 que fut enfin découverte et publiée la Note du secrétaire d'Etat qui n'eut tant d'importance dans l'affaire des Ordonnances de juin, que parce qu'on ignorait son contenu. Voici cette pièce diplomatique, dont les ministres ne pouvaient révéler le texte sans s'infliger un démenti : « Sa Sainteté, confiante d'un côté en la haute piété du fils aîné de l'Eglise, et persuadée de l'autre du dévouement sans réserve des évêques de France envers Sa Majesté et de leur amour pour la paix et tout autre véritable intérêt de notre sainte Eglise, ne sait pas prévoir que des circonstances malheureuses puissent l'obliger à rompre un silence si conforme aux vœux de Sa Majesté très-chrétienne ; mais si ce malheur arrivait, j'ose répondre que le Saint-Père ne s'adresserait assurément à personne sans avoir auparavant indiqué à Sa Majesté la nouvelle position que son devoir sacré pourrait lui avoir marquée, et il n'oubliera jamais tout ce qu'il doit au maintien de l'ordre et de la tranquillité en France et à la dignité du trône de Saint Louis. »

On le voit, le cardinal Bernetti avait suivi le conseil du nonce Lambruschini ; il cherchait à gagner du temps, ne se prononçait pas encore, promettait les ménagements compatibles avec la conscience et prêchait à tous la paix. Mais il ne disait point qu'il fallût se confier au roi *pour l'exécution des ordonnances*, ainsi que le prétendait l'archevêque de

Reims, ni qu'on dût sacrifier les intérêts de l'Eglise « *pour marcher d'accord avec le trône.* »

Nous avons insisté quelque peu sur ce curieux épisode, parce qu'il a été défiguré par plusieurs historiens, même catholiques, pour ne point parler de ces orateurs politiques et de ces journalistes qui ne sauraient dire un mot des questions religieuses sans commettre une erreur.

XVIII

Le 1er octobre 1828 était le dernier terme fixé pour l'exécution des Ordonnances. Le ministère, triomphant de l'équivoque produite par la note, gardée secrète, du cardinal Bernetti, s'agitait pour venir à bout des dernières résistances. M. Portalis, avec beaucoup d'âpreté, Mgr Feutrier, avec plus de mesure, exigeaient une obéissance prompte et absolue. Prélat vertueux, mais administrateur incapable, ce dernier était entraîné bien plus loin qu'il n'aurait voulu. Ainsi, dans une lettre du 30 septembre, suivie bientôt (14 octobre) d'une autre circulaire, il laissait entendre que la rentrée des élèves serait ajournée et les petits séminaires fermés, partout où n'auraient pas été remplies les formalités de rigueur. C'était un désastre pour l'Eglise; plusieurs évêques se demandèrent devant Dieu « s'il n'y aurait pas moins d'inconvénients pour la religion à céder quelque chose à la nécessité (1). » C'était toujours le même argument qui décidait l'épiscopat : *Rome le veut*, et ce

(1) *Note à MMgrs les évêques*, rédigée par la commission centrale présidée par l'archevêque de Paris.

désir du Saint-Siége n'était connu que par les interprétations contradictoires de la note Bernetti! Plusieurs prélats adhérèrent à l'avis conciliant de Mgr de Quélen; d'autres persistèrent dans leur résistance passive, tels que le cardinal-archevêque de Rouen, prince de Croï, et Mgr d'Amasie; les évêques de Chartres, de Nevers, de Nantes, de Rennes, s'en rapportèrent avec des restrictions, au sentiment de la majorité.

Qu'on veuille bien remarquer qu'aucun d'entre eux néanmoins ne souscrivit à l'injuste arrêt qui frappait les Jésuites. S'ils courbèrent la tête sous les exigences administratives, ce fut pour sauver, avec leurs petits séminaires, l'espérance du sacerdoce et de l'Église.

L'illustre cardinal de Clermont-Tonnerre, archevêque de Toulouse, qui, rappelant avec une noble fierté la devise de sa maison : *Etsi omnes, ego non!* avait opposé la plus énergique résistance aux iniques prétentions du ministère (1), ne se crut pas le droit d'abandonner les cinq cents élèves de ses écoles ecclésiastiques; il consentit à déclarer qu'« il s'était

(1) Le cardinal avait répondu au ministre exigeant de lui l'exécution des ordonnances, une lettre aussi courte qu'énergique: « Monseigneur, la devise de ma famille, qui lui a été donnée par Callixte II en 1120, est celle-ci : *Etiam si omnes, ego non*. C'est aussi celle de ma conscience. »

régulièrement assuré que MM. les supérieurs, directeurs et professeurs n'appartenaient à aucune congrégation religieuse non autorisée par les lois. » C'est tout ce qu'on put arracher à l'intrépide vieillard (1). Mgr Feutrier, bientôt après, fut lui-même victime des Ordonnances. Son confident, l'abbé de la Chapelle, avoue que la tristesse aurait abrégé les jours de l'ancien ministre, en occasionnant l'apoplexie dont il ne tarda pas à être frappé.

(1) Une lettre pastorale de Mgr de Clermont-Tonnerre fut déférée au Conseil d'Etat. (*Annuaire historique* de Lesur pour 1828, p. 291) — On le voit, *nil sub sole novum !*

XIX

Nous avons voulu raconter, sans l'interrompre, l'histoire instructive des généreux efforts tentés par les évêques de France pour défendre, contre les empiétements d'un pouvoir tyrannique par faiblesse, la liberté religieuse et les droits de la conscience. Il nous faut maintenant revenir quelque peu en arrière et résumer les débats parlementaires auxquels le nom des Jésuites se trouve de nouveau mêlé.

Quatre jours s'étaient écoulés depuis la publication des Ordonnances, quand, le 21 juin, la Chambre des députés fut mise en demeure de se prononcer à son tour sur la grave question qui venait d'être tranchée par l'arbitraire. M. Labbey de Pompières, dans son violent réquisitoire contre M. de Villèle (1), n'avait-il pas énergiquement protesté contre « l'expulsion, par une simple ordonnance, des professeurs de l'Ecole de médecine? » N'était-ce pas, à peu près, le même abus de pouvoir qu'on pouvait signaler dans l'interdiction prononcée contre les professeurs de Saint-Acheul ou de Sainte-Anne? Avouons-le, il y avait une profonde différence entre les deux si-

(1) Séance du 14 juin 1828.

tuations : il s'agissait ici des Jésuites, là, de ceux qui ne l'étaient pas ; et la conviction profonde de maints législateurs d'alors, c'était que les Jésuites étaient privés de tous les droits, de toutes les garanties que peuvent revendiquer les moindres citoyens et les derniers des hommes.

Quatre pétitions avaient été adressées à la Chambre des députés, pour demander, sans plus de façon, *l'expulsion des Jésuites*. Les trois premières étaient signées de noms à peu près inconnus de tout le monde (1) ; la quatrième attira seule l'attention et excita vivement la curiosité du public. Elle avait pour auteur un homme qui affirmait avoir appartenu lui-même à la Compagnie de Jésus et qui, depuis bientôt deux ans, était devenu l'un des oracles de la presse libérale. Ce transfuge, à l'appui de sa dénonciation, apportait les révélations les plus étranges. Ce n'était pourtant qu'un jeune homme de vingt-sept ans, fils d'un pauvre artisan des environs du Puy ; il s'appelait Martial Marcet ; mais à ce nom plébéien et trop peu sonore il s'était permis d'ajouter celui de la Roche-Arnaud, sans autre titre que le

(1) Félix Mercier, ancien suppléant au juge de paix à Remiremont, dans les Vosges ; un nommé Dutasta, de Bordeaux ; un sieur Salgues, homme de lettres, le même peut-être qui avait été vicaire épiscopal de Sens par la grâce du schisme constitutionnel.

fait de sa naissance au pied d'une roche qui jusqu'alors n'avait donné son nom à personne (1). A l'en croire, M. l'abbé Martial Marcet de la Roche-Arnaud avait été accueilli au noviciat des Jésuites « avec les marques d'une estime et d'une considération qu'on n'accorde guère qu'à *des hommes d'un mérite rare et d'un caractère éprouvé.* — Quoique jeune, puisque je n'avais que seize ans, j'ose dire *que j'avais acquis une sorte de célébrité*, et mon nom était connu non-seulement des principaux Jésuites de France, mais encore de quelques nobles congréganistes... » Avec une telle infatuation de lui-même, le novice ne pouvait persévérer longtemps dans une vie d'humilité et d'abnégation. Le 24 mars 1822, il avait été renvoyé. Le repentir semble avoir agité quelque temps cette âme mobile; car, une année après, il écrivait encore au P. Ferrand, professeur de rhétorique à Saint-Acheul, et « lui demandait la grâce de se montrer à tous les jeunes jésuites qui pourraient avoir quelques tentations de rentrer dans le siècle, pour les épouvanter par l'aspect de son malheur et les empêcher de sortir du port. » Ses anciens bienfaiteurs lui obtinrent une bourse dans un séminaire : il n'y resta pas davantage.

En 1826, Martial Marcet, complétement dévoyé, se

(1) *Mémorial catholique*, T. VI, p. 299.

résolut à suivre l'exemple de son célèbre compatriote dont les lauriers sans doute l'empêchaient de dormir. Un journal friand de scandales, *le Constitutionnel*, acheta la honteuse collaboration de cet *abbé* en rupture de ban et, comme celui-ci en fit plus tard l'aveu public, ce fut dans les bureaux de la feuille libérale que l'apostat rédigea ses diatribes contre ses anciens maîtres. On reste stupéfait aujourd'hui de l'inconcevable crédulité du public, dupé par des impostures dont l'extravagance passe toute mesure. Martial Marcet, en plein Paris, parlant de Jésuites vivants et de cette maison de Montrouge ouverte à tous les visiteurs, se risquait à conter des histoires, à tracer des tableaux qui feraient frémir, s'ils ne prêtaient à sourire. Un bon vieillard, le Père Gury, entouré de quelques jeunes novices, était représenté sous les plus noires couleurs, comme un autre « Vieux de la Montagne, tyran qui d'un seul regard pouvait mouvoir mille bras armés de poignards pour assassiner les princes et détruire les empires... Dans un appartement obscur de Montrouge, écrivait le dénonciateur, tous les huit jours, à l'entrée de la nuit, les novices se rendent, à la suite du P. Gury, aux pieds des statues d'Ignace et de François-Xavier, pour entendre *les mystères de la société*, et fouler aux pieds les vanités du monde, représentées par un roi revêtu des ornements royaux, environné *de sceptres brisés, de couronnes fracassées et de débris de trônes.* Tout autour, on voit les nations du monde chargées de chaînes, figurées par trois animaux, le taureau, le lion et l'aigle et par un génie sublime qui représente en particulier les nations de l'Europe. »

Le *Constitutionnel* poussa le mépris de ses lecteurs jusqu'à leur servir ces inventions folles, comme un récit « extrêmement curieux : les faits que M. l'abbé de la Roche-Arnauld rapporte, disait-il, et qu'il défie ses adversaires de démentir, sont de nature à produire la plus profonde sensation. »

L'impudente provocation ne resta pas sans réponse; Marcet fut confondu par des voix éloquentes (1). Rien n'y fit! Il fallut attendre vingt ans avant d'avoir le dernier mot de cette basse intrigue.

Alors, Martial Marcet, réduit à la misère, abandonné de ceux qui s'étaient servi de lui, comme les Juifs de Judas, fut contraint de quêter du pain à la porte de la Maison des Jésuites (rue des Postes). On lui donna

(1). Le vicomte Vilain XIV, représentant d'une des plus nobles familles de Belgique, écrivait le 30 novembre 1826 : « Si je n'élevais la voix pour défendre autant que je puis quelques-uns de ces Messieurs indignement outragés, je me regarderais comme un ingrat et un lâche, moi leur élève, moi qui ai trouvé en eux des amis plutôt que des maîtres ; moi qui, après mes parents, leur dois le peu que je puis avoir de bon dans le cœur et dans la tête. »

l'aumône, mais on refusa les services qu'il osait offrir. Malgré cela, poussé par le remords, ce malheureux fit un dernier livre, par lequel il rétractait solennellement ses mensonges et ses calomnies. On lisait dans l'*Avertissement :*

« Je déclare, sans entrer toutefois dans des éclaircisssements que je réserve pour d'autres temps, que je désavoue entièrement, et de bonne foi, tous les écrits que j'ai publiés contre les Jésuites en 1827, 1828, 1829, non point comme n'étant pas de moi, mais comme *les fruits honteux d'une vengeance pleine d'impostures ;* et, comme tels, je les livre, ainsi que dès longtemps je les ai livrés, au blâme, ou plutôt à l'oubli de tous. Je déclare sans détour, et c'est bien volontiers que je l'avoue, pour ne pas laisser même quelques doutes à cet égard, que ce fut l'esprit de parti qui me mêla dans ce déchaînement dont les Jésuites furent les victimes, me dicta les *extravagantes horreurs* que je débitai au public, et que *ce fut à cette honteuse condition de multiplier les plus incroyables faussetés que je dus ce succès populaire d'un jour dont jouissaient alors ces déplorables productions*

« Je déclare le plus haut possible, très-sincèrement honteux d'avoir été capable de le faire, que c'est avec aussi peu d'honnêteté que de vérité que, sorti de l'ordre des Jésuites, où tous les soins de l'amitié m'avaient été prodigués, je les accablai d'injures, de gaieté de cœur, sans raison, sans respect, par des personnalités tellement indignes, qu'en y pensant bien, je ne comprends pas comment un peuple a pu seulement les tolérer, et comment un gouvernement sage et fort ne les a pas sévèrement punies.....

« Que m'importe, à moi, le ridicule ou le dédain ? disait-il plus loin. Quelle que soit la tyrannie de l'opinion, je ne veux plus étouffer les cris de ma conscience... Non, messieurs les députés, non, je dois le déclarer en face de tout le monde, rien de tout ce qui fut dit contre les Jésuites n'était vrai. A Montrouge, où était la maison des Novices, il n'y avait rien qui ne fût honnête et religieux. »

Ainsi devait parler Martial Marcet, dans son *Mémoire à consulter pour le rétablissement légal des Jésuites*, adressé aux députés de 1845. Mais en 1828, ce malheureux jouissait pleinement de son honteux triomphe. Le gouvernement se croyait obligé de lui témoigner des égards ; il ordonnait au sous-préfet et au maire de faire à Montrouge une visite domiciliaire, qui naturellement n'aboutit à aucun résultat. Quelle allait être l'attitude de la Chambre ? Les députés prendraient-ils au sérieux le témoignage si suspect d'un apostat ? Seraient-ils assez aveugles pour ne pas soupçonner la fraude, ou assez faibles pour ne la pas dénoncer ? Voilà ce qu'on se demandait de toutes parts.

L'animation des esprits était extrême ; les Ordonnances qui venaient de paraître étaient l'objet de commentaires passionnés. Les ministres se trouvaient en opposition, non-seulement avec la majorité de la commission d'enquête nommée par eux, avec tous les évêques, mais encore avec les conseils généraux qui, à plusieurs reprises, avaient exprimé le vœu que plus de liberté fût donnée touchant l'éducation de la jeunesse ; douze ou quatorze d'entre eux avaient même formellement demandé le rétablissement *légal* de la Compagnie de Jésus (1).

Le 21 juin 1828, M. Xavier de Sade monta à la tribune pour lire son rapport sur les quatre pétitions demandant *l'expulsion des Jésuites*. M. de Sade n'avait certes aucune inclination pour ces religieux ; toutes ses sympathies étaient pour Port-Royal, « cette réunion d'hommes à jamais illustres, — disait-il au

(1) Voici ce que le *Constitutionnel* écrivait à ce sujet : « Un mouvement qui contraste d'une manière bien plus choquante avec les sentiments du pays (?), c'est l'expression des votes d'un très-grand nombre de conseils sur l'instruction publique. Ils sollicitent une loi pour qu'elle soit exclusivement, selon les uns, ou en concurrence, selon les plus modérés, livrée à des corporations religieuses. Le Conseil général du Doubs demande que les congrégations déjà existantes soient autorisées légalement. Celui du département de Vaucluse est plus franc : il vote pour que l'instruction publique soit confiée notamment aux Jésuites, dont l'intérêt de la religion et de la société réclame le rétablissement. »

début, — illustres non moins par leur science, leur sincère piété, leur inébranlable constance dans leurs principes et leurs malheurs, que par les immenses services qu'ils ont rendus aux lettres françaises. » On pouvait donc tenir pour certain que l'honorable rapporteur, si favorable aux jansénistes, n'accorderait aux Jésuites que ce qu'il ne pourrait absolument pas leur refuser. Laissant de côté les ridicules imputations des pétitionnaires, M. de Sade, comme M. Portalis à la Chambre des pairs, ne retient que la question légale : Quelle est, se demande-t-il, la situation des religieux devant la Loi ?

« La loi du 10 février 1790, répondit-il, à laquelle aucune des lois subséquentes n'a ajouté de dispositions plus précises, se borne à énoncer que les congrégations religieuses demeureront supprimées sans qu'il puisse, à l'avenir, s'en établir de pareilles. Aucune peine n'y est décernée contre ceux qui, nonobstant, viendraient à en former. Aucun moyen régulier d'en opérer la suppression ou le licenciement n'est indiqué. Le code pénal a établi, à la vérité, depuis, une amende contre les chefs de toute association qui se réunit à des jours marqués, et au delà du nombre de vingt, sans autorisation. Mais, comment procéder contre une association qui se tiendrait, comme il est aisé de le faire, dans les bornes du nombre permis ?

« Nous voyons, en effet, dans ce cas, la Cour

royale de Paris se déclarer incompétente, et qu'elle est réduite à en appeler à un autre pouvoir plus efficace que la justice, qu'elle désigne sous le nom de *haute police*. Mais quelle est, il doit être permis de se le demander, cette haute police, que nous ne trouvons nulle part définie dans nos codes ? Quelle est sa nature ? Qui l'exerce ? Comment pourra-t-elle suppléer aux lacunes de la législation ? Comment pourra-t-elle imposer des peines là où la loi ne l'a pas fait ? Vous savez avec quelle force, avec quelle indépendance les tribunaux se sont élevés contre un essai de ce genre récemment tenté. Comment s'y prendra-t-elle pour opérer cette dissolution promulguée par nos lois, et cependant impossible aux tribunaux ordinaires ? Sous prétexte que quelques individus sont réunis en société religieuse, lui sera-t-il permis de pénétrer par force dans l'asile privé du domicile des citoyens pour les en arracher et les disperser ? Pourra-t-elle poser des gardes pour les empêcher de se réunir quand elle leur en soupçonnera l'intention ?

« Telles sont les considérations qui nous ont frappés en examinant nos lois sur cette matière. Elle nous ont paru graves, et touchant de près à nos libertés publiques. Nous avons cru devoir vous en faire part, surtout à un moment où l'on réclame enfin l'établissement complet et sincère de l'ordre légal parmi nous. »

On voit qu'il y a désacord profond entre les idées

émises par M. de Sade et celles contenues dans le rapport de M. Portalis sur la pétition Montlosier. A la Chambre des députés, la commission, par l'organe de son rapporteur, non-seulement refuse de prendre part à la controverse sur la législation; mais elle ajoute qu'elle entend « se tenir éloignée de ces considérations politiques qui ne sont ou ne paraissent jamais à l'abri de l'influence des opinions de parti. » Elle se garde également de donner son adhésion à l'étrange théorie de certains légistes sur le droit d'association, « ce droit, dit-elle, l'un des plus précieux dont puissent jouir les citoyens d'un état régi par des institutions constitutionnelles. » La commission rejette donc ce prétendu principe en vertu duquel aucune association ne saurait exister dans l'Etat sans l'autorisation de l'Etat. La loi n'intervient que pour créer la personnalité civile et conférer les droits et priviléges qu'elle comporte. En conséquence, une association non autorisée n'est d'aucune sorte une association prohibée. L'Etat l'ignore, il ne la connaît ni pour la protéger, ni pour l'interdire; il n'a devant lui que les individus qui la composent. « Rien ne s'oppose donc, disait M. de Sade, à ce que quelques hommes, plus portés que d'autres à la vie dévote et contemplative, se réunissent pour s'adonner en commun à toutes les pratiques pieuses, à tous les exercices de la religion qu'il leur plaira d'observer ou de s'imposer. On ne leur dispute que *le droit de se constituer en corporation*, *de former dans l'Etat une personne civile.* On se borne à leur interdire de manifester, par des actes extérieurs, une existence (légale) qui leur est interdite. »

Dès lors, il ne peut être question d'expulsion ni de bannissement, ni de rigueur quelconque ; les anciens édits portés contre les Jésuites sont lettres mortes. « Nous ne voulons assurément pas, dit M. de Sade, voir rappeler d'anciens édits de bannissement jadis portés contre eux. Nous serions les premiers à nous élever contre de pareilles rigueurs. Il ne s'agit pas davantage de dissoudre des communautés de Jésuites, d'interdire la vie commune sous la règle de saint Ignace. » Seulement, au sentiment de la commission, les Jésuites ne sauraient, sous la législation alors existante, prendre part à l'enseignement public. L'ordonnance du 16 juin donne toute satisfaction à ce sujet, et l'on n'en demande pas davantage. Si donc M. de Sade propose le renvoi des pétitions aux ministres compétents (1), c'est pour appuyer les mesures prises déjà par le gouvernement. Ainsi la Chambre « prononcera ouvertement son opinion et sur

(1) Au garde des sceaux et au ministre de l'instruction publique.

ce qui a eu lieu jusqu'à ce jour, et sur le remède qui vient d'y être apporté. »

C'est assez dire que la commission, si elle se montrait favorable aux Ordonnances de juin, n'admettait nullement les prétentions des pétitionnaires. Le renvoi aux ministres ne signifiait donc pas, de sa part, un vœu de proscription contre ceux qui déjà venaient d'être frappés dans l'un de leurs plus utiles ministères.

M. de Conny, qui prit la parole après M. de Sade, n'était point, de son propre aveu, ce qu'on nommerait *un dévot*.

« Homme du monde, disait-il, et sans doute en partageant toutes les faiblesses, un seul sentiment me domine, je cherche la vérité, je la cherche avec ardeur ; puis-je espérer que ma faible voix fera taire, parmi nous, ces préventions que le temps n'a point détruites, ou apaisera un instant ces cris de haine qui, plus d'une fois, ont retenti hors de cette enceinte ? Je me rassure, toutefois, Messieurs, en me rappelant que je parle devant les députés de la France ; ils prouveront, dans ces graves circonstances, à l'Europe qui nous regarde, que les cris des passions viennent expirer au pied de cette tribune ; ils seront calmes ; le caractère dont ils sont revêtus leur en impose la loi.

« Si d'autres ont été les accusateurs des Jésuites,

une mission plus grave nous est donnée; nous sommes, en quelque sorte, devenus leurs juges. Ce nom seul nous avertit assez que l'impartialité la plus religieuse doit être apportée par tous à de telles discussions.

« Si l'affluence inaccoutumée qui se presse dans les avenues de ce palais nous annonce le haut intérêt qu'excite la question qui va s'agiter parmi nous, devenus par notre caractère étrangers aux cris tumultueux des passions qui peuvent retentir hors de cette enceinte, loin des clameurs des partis, nous interrogerons notre conscience, et nous écouterons ces inspirations qui ne trompent jamais lorsque l'on cherche avec ardeur la vérité.

« Nous ressentons, Messieurs, une douleur d'autant plus profonde, que nous avions espéré que notre voix pourrait s'élever avant que le pouvoir eût résolu une question qui agitait diversement les esprits; nous l'espérions encore lorsqu'une ordonnance est venue apprendre à la France inquiète qu'une résolution était prise, et la France catholique a répondu par des cris d'alarmes à une résolution que nous appellerons fatale, car, dans notre conviction, elle porte atteinte à la religion de l'État, elle blesse les droits consacrés par la Charte...

« Lorsque tant de voix accusatrices se font entendre, vous respecterez les droits de la défense, ils sont sacrés; et dans cette lutte qui fixe les regards de l'Europe, lorsque, d'accord avec vous (l'orateur indique le côté gauche), le pouvoir vous a donné la victoire (*mouvements divers*), vous ne voudrez point qu'un jour l'histoire puisse dire de vous : *Les vainqueurs refusèrent d'écouter les vaincus.* » (*Profonde sensation.*)

Abordant la question légale, M. de Conny se demandait ensuite « si l'existence libre des Jésuites n'était point une des conséquences de cette loi de liberté octroyée par le roi législateur, de cette loi qui domine tous les pouvoirs de la société en France. » Il ne pouvait y avoir de doute.

« La Charte reconnaît que la religion catholique, apostolique et romaine est la religion de l'Etat. Donc elle existe légalement dans l'Etat avec ses attributs nécessaires, avec la liberté d'agir selon le vœu de sa conscience, avec la pratique des conseils évangéliques, avec les associations pieuses ; car la liberté de conscience, est, de sa nature, absolue et illimitée; et, selon l'expression de Fénelon, nul ne peut forcer le retranchement impénétrable de la liberté du cœur (1). Ainsi il résulte des termes mêmes de la Charte que les catholiques animés des mêmes principes et des mêmes tentiments peuvent se réunir pour professer, dans

(1) L'argument vaut encore, étant donné que la religion catholique soit *librement professée en France*, comme un des cultes reconnus, sans être aujourd'hui, comme en 1828, la *religion de l'Etat.*

une vie toute privée et tout intérieure, l'exercice le plus parfait de leur religion ; c'est ainsi que l'a voulu la Charte en déclarant que *chacun professait sa religion avec une égale liberté*... Les lois intérieures, les règles de conduite et de discipline qui peuvent lier entre eux les prêtres que l'on désigne sous le nom de *Jésuites*, sont donc le libre exercice d'un droit reconnu par la Charte; elles ne peuvent être du domaine de l'investigation de l'autorité; ces prêtres sont Français, et dès lors nul ne peut les priver de la jouissance de la plus entière liberté. Nous croyons fermement et nous déclarons hautement que l'on porterait atteinte à la Charte, si l'on troublait une classe de Français dans l'exercice de leurs droits civils et religieux, et si, en échange de la plus parfaite soumission aux lois de l'Etat, on refusait de leur accorder la protection commune à tous les autres citoyens.

« C'est ainsi, Messieurs, qu'il faut comprendre cette loi de liberté qui, après nos longues et trop sanglantes discordes, nous fut donnée par un roi qui conçut la pensée d'unir la chaîne des temps anciens aux temps modernes. Si on l'entendait autrement, cette loi deviendrait un instrument d'oppression et de tyrannie; ce ne serait plus la terre libre de France que nous habiterions; nous serions soumis au joug d'un pouvoir inquisitorial, et cette condition serait d'autant plus humiliante, d'autant plus indigne du caractère français, que cette tyrannie s'exercerait au nom de la liberté; et c'est en s'adressant à vous, défenseurs de toutes les libertés et de tous les intérêts légitimes, que des haines que la révolution n'a pu désarmer viendraient, sur des terreurs affectées ou d'odieuses préventions, demander un acte de tyrannie à cette monarchie constitutionnelle qui devait nous défendre de toute oppression? Nous ne nous adressons pas aux factions; elles ne conçoivent de liberté que dans la tyrannie; mais nous conjurons les amis sincères des libertés de peser nos paroles. De quel droit, leur dirons-nous, viendrait-on pénétrer par la violence dans la conscience humaine et demander compte de ces rapports mystérieux et intimes qui unissent un homme à Dieu? De quel droit une odieuse inquisition viendrait-elle arracher son secret à un prêtre, le dépouiller du droit commun et le proscrire en quelque sorte de la société? Au nom de la liberté, répondrait-on. Ne serait-ce pas là la plus sanglante ironie?... On exhumerait de la poussière, avec un respect hypocrite, d'anciennes lois qui proscrivent; et tandis que l'on invoque les lois qui oppriment, on viendrait affirmer que d'autres lois de cet ancien régime qui pourraient défendre les proscrits ont été abrogées par la révolution et la restauration? Vous êtes les dépositaires de la Charte, les conservateurs des franchises nationales, et cependant on oserait vous conseiller de violer le texte et l'esprit de la Charte? Soyons justes, Messieurs, dans cette grave question; nous devons l'être, car nous avons appris du temps et de nos longs malheurs que tout ce qui porte le cachet de la persécution ne peut être de longue durée... Que l'on cesse donc d'invoquer l'ancienne législation! Elle est détruite sans retour ; car l'art. 5 de la Charte porte : « *Que chacun professe sa religion avec une égale liberté.* » Nous devons dès lors reconnaître que toutes les lois qui existaient avant la révolution étaient les conditions nécessaires d'un système politique qui admettait une religion dominante, et que ces lois sont tombées avec l'ordre des choses qui a été détruit.

« Si maintenant nous examinons sans prévention le véritable caractère des maisons d'éducation que dirigent les Jésuites, nous trouvons que ce sont des petits séminaires, tels que ceux qui, avec l'autorisation du roi, subsistent dans les divers diocèses du royaume; ils ont le même caractère légal, la même dépendance des évêques, l'enseignement de la même doctrine; parmi les élèves qui entrent dans ces maisons, incertains sur le parti qu'ils doivent prendre, les uns se décident pour les Ordres sacrés, d'autres embrassent les divers états de la société; mais un fait domine cette question : des milliers de familles françaises confient à ces institutions ce qu'elles ont de plus cher au monde, leurs enfants. Sans doute pour remplir ce devoir sacré, ces familles ont consulté autre chose que les vaines terreurs d'une imagination préoccupée, des préventions surannées ou des haines de parti; elles ont confié leurs enfants à ces établissements sur la foi de la liberté religieuse consacrée par la Charte, qui permet une institution de juifs et en permettrait une de mahométans; elles l'ont fait sur la foi d'une permission semblable accordée à ces mêmes institutions dans tous les Etats catholiques, dans les Etats protestants, en Angleterre comme en Russie, comme aux Etats-Unis; et c'est contre tant de garanties de sécurité, au mépris de tant de sentiments d'affection et d'intérêts sacrés que l'on viendrait vous proposer des mesures de destruction!

« Et de quel droit, Messieurs, dans un temps de liberté, viendrait-on faire violence à un père et lui défendre de confier ses enfants à tel ou tel homme, parce qu'il porte tel ou tel habit? Ne serait-ce pas là la plus étrange insulte à cette liberté que l'on se montre pourtant si jaloux de défendre? (*Très-bien! à droite.*)

« Mais j'aborde ici sans détour l'objection principale de nos adversaires : « Les Jésuites, disent-ils, « sont aveuglément soumis aux volontés de Rome; « ils détestent les libertés de notre Eglise autant que « les libertés constitutionnelles, et nous les repoussons parce que nous ne voulons point préparer aux « générations qui s'élèvent des défenseurs du pou- « voir absolu! » Ces accusations sont graves, Messieurs, mais c'est parce qu'elles sont graves qu'il faut les juger sur des faits, et non sur les clameurs des partis; c'est parce qu'elles sont graves qu'il faut se défier des cris de l'ignorance ou d'un fanatisme aveugle dans sa haine et ses ressentiments.

« Ce sont les actes, Messieurs, qu'il faut invoquer pour démontrer de telles assertions ; les actes ne peuvent rester longtemps en France enveloppés dans l'ombre du mystère ; et c'est depuis plus d'un jour que les Jésuites ont recommencé à se livrer à l'enseignement parmi nous. Lorsqu'après la tempête qui avait tout dispersé, le calme reparut enfin, et lorsqu'à la voix d'un homme puissant les factions furent enchaînées, l'amour du pays ramena les Jésuites, ainsi que tous les prêtres proscrits, vers la terre natale ; ils revirent la France où les traditions qu'ils avaient laissées dans l'enseignement étaient vivantes encore ; d'anciennes préventions étaient éteintes ; le malheur avait porté les esprits vers les pensées graves et les doctrines religieuses, une foule de familles leur confièrent leurs enfants ; le Consul, dans toute sa puissance, respecta leur libre enseignement. Depuis cette longue période des milliers d'élèves sont sortis de leurs écoles, interrogez-les ; vous les trouverez partout ; dans la magistrature, dans l'armée ; prêtres, soldats, citoyens ou magistrats, tous sont fidèles à Dieu, tous sont fidèles à leur Roi, tous chérissent nos libertés, et ils ont appris que ces libertés, nous les devions aux Bourbons. (*Bravo! vive adhésion à droite.*)

« Lorsque ces élèves sortent de leurs colléges, ils sont, nous l'avouerons, étrangement surpris d'entendre ce torrent d'injures qui, chaque jour, s'élèvent contre ceux qui furent leurs maîtres : ils en éprouvent une vive indignation, car ces maîtres sont restés leurs amis; ils les aiment autant qu'ils les respectent.

« Vous connaîtrez, Messieurs, ma pensée tout entière; si jamais le pouvoir, subjugué par les clameurs des partis, concevait l'idée d'affliger des milliers de familles françaises en supprimant les établissemens tenus par les Jésuites, et peut-être ces temps sont arrivés, ma conviction est tellement inébranlable, je dirais aux ministres du Roi : Avant de frapper un tel coup, qui peut retentir au loin, et dont les conséquences deviendraient terribles... (*Agitation à gauche. Quelques voix* : Ecoutez! Ecoutez!)

M. LE PRÉSIDENT. Il sera honorable pour la chambre que cette discussion ait été calme, et que la liberté des opinions ait été parfaitement respectée.

M. DE CONNY. Je vous demande une grâce, c'est de nommer une commission nombreuse, prise *exclusivement* parmi les adversaires des Jésuites. Oui, Messieurs, de fatales divisions nous séparent, mais nous avons tous fait serment de nous conduire en bons et loyaux députés : nul plus que moi ne croit à la sainteté des serments. Eh bien! j'adjure les ministres du roi de choisir de ce côté de la chambre (*en montrant le côté gauche*) les commissaires qui seront chargés de cette mission; je les supplie de donner la préférence à ceux qui viendront à cette tribune attaquer avec le plus de véhémence les Jésuites et leurs établissements. Qu'ils soient juges, j'y consens; et je ne demande qu'une seule condition, c'est qu'ils se rendront eux-mêmes dans ces maisons contre lesquelles s'élèvent tant de cris accusateurs, c'est qu'ils verront tout de leurs propres yeux, c'est qu'ils observeront tout. Oui, Messieurs, qu'ils cherchent la vérité; qu'ils interrogent pour la connaître, ces milliers d'élèves nés dans tous les rangs de la société, qui accourent de toutes les parties de la France recevoir dans ces maisons une instruction chrétienne et monarchique; sans doute ils en trouveront plus d'un dont les familles, adversaires des Jésuites, vinrent elles-mêmes les confier à ces prêtres; qu'ils les interrogent tous : ils sont dans l'âge heureux où l'on ne sait point feindre ; vos commissaires apprendront la vérité tout entière : qu'ils soient juges, je me soumets à leur décision ! (*Profonde sensation.*)

« La France, en fixant ses regards sur l'avenir, suit d'un œil inquiet vos délibérations ; les questions qui s'agitent devant vous ont retenti au dehors et répandu l'alarme dans les familles, et je vous l'avouerai, Messieurs, je n'ai point reçu de la nature cette âpreté sauvage qui fait entendre avec indifférence le cri d'une mère; je dirai plus, dût-on m'accuser de faiblesse : lorsqu'il s'agit des destinées de son fils, je crois à ses inspirations, je respecte tout dans sa tendresse inquiète. Hélas ! qui jamais sur la terre aimera cet enfant comme elle seule sait aimer ! le cœur d'une mère n'est-il pas, Messieurs, tout ce qu'il y a de plus parfait dans la création? Et peut-être n'y a-t-il rien de plus digne de nos respects que la réunion d'une famille autour de ses foyers domestiques, délibérant sur le choix du collège auquel elle confiera tout ce qu'elle a de plus cher au monde, l'avenir de ses enfants. Il y a quelque chose de si saint, de si auguste dans les volontés d'une mère que devant elles toutes les opinions se taisent; j'en appelle aux plus véhéments détracteurs des jésuites: si, près de la tombe, une mère confiait à l'un d'eux la mission de placer son fils dans ces établissements qu'ils attaquent avec tant de fureur, il croirait manquer à l'honneur s'il hésitait un seul instant de remplir cette mission. Nous invoquons sans cesse, Messieurs, le nom de la liberté; prouvons enfin que nous sommes libres en respectant les libertés des familles.

« Mais si l'on combattait de tels principes, je dirais à ceux qui invoqueraient des mesures de rigueur contre les établissements des jésuites en France: daignez voir au moins ce que vous hasardez, et vous connaissez mal le cœur humain, si vous pensez que de telles mesures détruiraient l'influence contre laquelle vous vous armez.

« Vous bannirez les jésuites, dites-vous? Eh bien! chassés de France, ils s'établiront ailleurs, peut-être à vos portes, dans un des états voisins, et il ne vous restera plus alors que la honte d'avoir proscrit de malheureux prêtres. Mais enfin, quand ce que je crois impossible pourrait se réaliser, quand l'influence française parviendrait à expulser les jésuites d'autres contrées de l'Europe, vous n'aurez encore rien fait;

ils traverseront les mers et iront se réfugier dans l'Amérique libre, qui leur offrira un généreux asile. Eh! que dira cette jeune Amérique quand elle verra débarquer sur ses rivages les proscrits de la France, ces proscrits que suivront sur des terres lointaines plus d'un élève, plus d'une famille qui s'arracheront à la patrie?

« Peut-être verra-t-on des mères y conduire leurs enfants, qu'elles ne voudront point abandonner à de tels hasards; car, qui peut arrêter le dévouement d'une mère? (*Sensation, profond silence*).

« Encore une fois, Messieurs, que pensera l'Amérique de cette liberté si vantée en France, à la vue de ces prêtres jetés sur ses rivages, de ces prêtres dont jamais elle ne redouta l'influence contre les libertés américaines?

« Que pensera-t-elle de ceux qui s'appellent en France *les gladiateurs de la liberté?* Messieurs, redoutez son jugement; il serait inexorable, ce serait celui de la postérité. Trop longtemps le monde a vu les mers couvertes de vaisseaux, portant à des contrées lointaines les bannis de la France; lorsqu'après tant de malheurs, les Bourbons nous ont rendu la liberté, que le mot de proscription, Messieurs, cesse enfin d'être français; prouvons à l'Europe qui nous regarde que nous sommes dignes d'être libres puisque nous savons être justes...

« Lorsque nous venons d'exprimer hautement nos sentiments, que l'on ne s'étonne point si nous combattons les pétitions, ou les actes du pouvoir qui essaieraient d'établir envers une classe de prêtres français un droit d'oppression qui bientôt porterait du trouble dans la société tout entière ; nous réclamons contre ces actes au nom de la justice et de la liberté, et nous repoussons tout ce qu'il y a d'hypocrite dans une liberté qui ne serait que de la servitude ; car la tyrannie commence lorsque les pouvoirs franchissent leurs limites et portent atteinte à la morale, cet éternel fondement des devoirs. Des désordres graves deviendraient bientôt la suite d'une telle inquisition ; car il y a dans l'homme un sanctuaire où les pouvoirs de la terre ne peuvent pénétrer sans porter le trouble.

« Nous demandons, Messieurs, la liberté de la religion. Nous serons entendus, ou la France aura cessé d'être libre et la Charte aura existé ; si l'on persistait dans de trop funestes résolutions, nous dirions aux dépositaires du pouvoir : vous allumez un feu qui ne pourra s'éteindre ; craignez que le premier acte empreint des marques de la persécution n'en appelle bientôt de nouveaux ; car les premiers pas dans une telle route entraînent sur une pente rapide où aucune puissance ne peut plus nous arrêter. Le désordre et l'anarchie naissent alors de toutes parts ; par une déplorable fatalité les plus nobles sentiments, les intentions les plus pures deviennent impuissantes, et les peuples, fatigués des convulsions de l'anarchie, sont réduits à invoquer le despotisme pour mettre un terme à tant de malheurs. Ne méprisons point, Messieurs, les enseignements de l'histoire, et ne soyons point rebelles aux leçons de la Providence; assurons, il en est temps encore, les destinées de la France en consacrant dans tous nos actes les principes de la vérité et de la justice, et en repoussant tout ce qui peut porter le caractère de la violence et de l'oppression (1). »

Le lecteur excusera d'autant plus aisément la longueur de cette citation, qu'il aura sàns nul doute été frappé comme nous de l'*actualité* étonnante de ce discours. Mettez, à la place des Ordonnances de Juin, le projet de loi de M. Ferry, et tout ce que M. de Conny disait aux députés de 1828 semblera s'adresser aux représentants de 1879, sans qu'il soit besoin d'y changer un mot. M. Hyde de Neuville, ministre de la marine, prit la défense du gouvernement qui, d'après lui, « n'avait entendu donner la victoire à aucun parti, mais seulement à la raison et à la justice, » phrase banale qui n'expliquait ni n'excusait rien. On vint à son aide en criant : *la clôture!* Mais on n'osa cependant la prononcer, et M. de Sainte-Marie eut la parole. L'orateur catholique, se plaçant sur le même terrain que M. de Conny, démontra, avec beaucoup de logique et de netteté, que l'existence des Jésuites n'était en rien contraire à *l'ordre*

(1) *Moniteur*. Séance du 21 juin 1828.

légal et que ce qui blessait la justice et la conscience, ce n'était point l'enseignement donné par eux dans quelques petits séminaires, mais la prétention de l'État au monopole de l'éducation.

« De tous les monopoles, disait-il avec raison, celui de l'éducation est le plus odieux, parce qu'il blesse les affections les plus vives et les sentiments les plus intimes du cœur humain. Je suis père, et je ne conçois pas de plus épouvantable tyrannie que celle qui, m'imposant des professeurs obligés, me priverait du droit de choisir entre les diverses méthodes d'éducation celle qui me paraîtrait la meilleure, entre les instituteurs, ceux à qui je crois devoir pouvoir confier de préférence le soin de former le cœur et l'esprit de mes enfants. C'est un droit que je tiens du Créateur, c'est un droit naturel et absolu. La tyrannie qui ne pèse que sur moi peut rendre mon existence douloureuse; mais il me reste l'espoir pour me soutenir et me consoler ; quant à celle qui me poursuivrait jusque dans mes enfants, elle flétrirait mon cœur, car elle m'ôterait jusqu'à l'espérance pour l'avenir. »

M. de Sainte-Marie avait frappé si juste, que le ministre des affaires ecclésiastiques n'eut d'autre expédient, pour atténuer l'effet de ces nobles paroles que de dire : « Il me semble, Messieurs, que nous sommes depuis quelque temps bien loin de la question ». N'était-ce pas Mgr de Beauvais qui cherchait à l'esquiver? Du moins il couronnait de fleurs les victimes qu'il n'avait pas eu le bras assez fort pour sauver. « On a rendu hommage aux vertus et aux services des Jésuites, disait le ministre. Certes, après le langage que j'ai tenu à cette tribune, ce n'est pas moi qui viendrai élever la voix contre les orateurs qui m'ont précédé; mais *ce n'est pas la question*... Certes, Messieurs, il est permis à un Jésuite de prêcher et d'exercer les fonctions de son ministère. Il ne s'agit point de proscription. »

Mais alors pourquoi demander le renvoi aux ministres de quatre pétitions qui précisément réclamaient cela même? Et puis, quelle inconséquence! Un Jésuite est à sa place dans la chaire ou le confessionnal, mais non pas dans une classe de grammaire! Celui qu'on juge capable d'interpréter l'Évangile et de prêcher la divine parole, devient dangereux ou insuffisant, dès qu'il s'agit d'expliquer le *De viris* ou de commenter Lhomond! Le P. de Mac-Carthy, prédicateur du roi, mettrait le pays en danger, s'il s'avisait, comme autrefois Gerson, de se faire l'instituteur des enfants!

Le ministère ne voulait pas être persécuteur; un premier pas l'avait engagé dans cette voie mauvaise, et il n'échappait à l'odieux qu'en tombant dans l'absurde.

La chambre entendit ensuite M. de Montbel, qui

demandait que, par respect pour la liberté civile et religieuse, autant que par horreur pour toute persécution, on rejetât le renvoi des pétitions au garde des sceaux, et que le renvoi au ministre de l'instruction publique eût pour objet d'appeler son attention sur *la nécessité de mettre le système universitaire en harmonie avec les institutions constitutionnelles et les libertés qu'elles nous assurent* (1).

M. Dupin aîné, qui ne manquait pas une occasion de se venger des honneurs compromettants dont l'avaient comblé les Jésuites de Saint-Acheul, répliqua à M. de Montbel par un discours violent. Un mot semble l'avoir personnellement blessé. On avait dit, au cours de la discussion (2), qu'avant de proscrire ces maîtres chers à la jeunesse, la chambre devrait réunir dans une commission d'enquête leurs adversaires déclarés, et s'en rapporter à leur témoignage. M. Dupin vit-il, dans ces paroles, une fine allusion à ses amicales relations avec le P. Loriquet? On le croirait. « On parle, dit-il, de créer une commission composée des ennemis des Jésuites : *Sans doute il y a des maisons très-bien tenues*; s'il n'y

(1) « On dit que les Jésuites ont accaparé la confiance de 20,000 familles; c'est que, répliquait à bon droit l'orateur, 20,000 familles réclament aujourd'hui la liberté que leur garantit la Charte. »

(2) Discours de M. de Conny.

avait pas du bon dans la société de Jésus, elle n'aurait pas de défenseurs ; mais il faut interroger l'histoire et notre position, et voir si leur existence ne présente pas de dangers ! »

Ces dangers, quels étaient-ils ? Les Jésuites menaçaient la Charte... Bien plus, ils menaçaient le trône des Bourbons !...

« Un mouvement d'adhésion très-prononcée suivit ce discours, vive expression des passions de l'époque, dit M. de Viel-Castel ; et la chambre, repoussant l'ordre du jour proposé par M. de Conny, vota, à une grande majorité, le renvoi des pétitions au garde des sceaux et au ministre de l'instruction publique (1). »

(1) *Histoire de la Restauration*, T. XVIII, p. 45. — Le pétitionnaire lui-même, Martial Marcet, a raconté plus tard le fait suivant : « Pour faire triompher, dit-il, cette déplorable et criminelle pétition, l'acte le plus affreux d'une vengeance inique, j'allai prier M. Benjamin Constant de monter à la tribune pour la soutenir. « Mon cher ami, me dit ce député célèbre, j'en suis bien fâché, mais il ne m'appartient pas dans cette circonstance de le faire : je suis protestant. Mais adressez-vous au député que les Jésuites ont si bien accueilli à Saint-Acheul, quand il est allé les y voir ; c'est un janséniste, et ces gens-là sont sans cœur. » (*Mémoire à consulter sur le rétablissement légal des Jésuites en France*, p. 39.) — M. Dupin, homme d'esprit, était peut-être sans cœur ; à coup sûr, il était sans mémoire. N'avait-il pas dit publiquement : « *Si j'avais un fils, je le ferais élever à Saint-Acheul ?* » Toutefois, il ne faudrait pas juger trop sévèrement

Ce vote avait évidemment pour but de mettre le roi dans l'impossibilité de revenir sur les tristes concessions arrachées à sa faiblesse et dont il commençait déjà, disait-on, à se repentir. On pouvait dès lors prévoir que toutes les résistances seraient inutiles. Les Jésuites, exclus par les Ordonnances de toute participation à l'enseignement, avaient en vain pour eux, avec le bon droit, la plus saine partie de l'opinion publique; en vain, était-il démontré que, rendues sous la pression du parti révolutionnaire par un ministère aux abois, signées par le roi et ses conseillers après de longues, de mortelles angoisses, condamnées par l'épiscopat tout entier et

celui qui, dans le même temps, donnait lieu de croire à plusieurs qu'une douce folie n'était pas étrangère à ses appréciations nouvelles au sujet des jésuites. M. Duvergier de Hauranne en cite un exemple. « Le 7 juin 1828, on discutait une pétition des marchands de gravures. M. Dupin saisit cette occasion de venir soudainement, l'effroi sur le visage et la voix émue, appeler toute l'attention de la Chambre sur un fait des plus graves. Il venait de voir, avec une juste horreur, le monogramme des Jésuites exposé et arboré dans l'enceinte même du palais de la Chambre. A ces mots, la séance fut interrompue, M. Dupin sortit de la salle, avec un des questeurs et une foule de députés, qui bientôt rentrèrent en séance, parfaitement rassurés. Le fameux monogramme était tout simplement les lettres sacramentelles I. H. S. (*Jesus hominum salvator*), surmontées d'une croix et placées au haut d'un reposoir ! » (*Histoire du gouvernement parlementaire*, T. IX, p. 568.)

par tous les esprits indépendants, ces fatales Ordonnances, qui portaient un coup funeste à l'enseignement catholique, n'étaient qu'un acte arbitraire, inconciliable avec les principes constitutionnels alors en vigueur (1); — l'injustice légale était pour quelque temps du moins *un fait accompli.*

Et toutefois, les vaincus pouvaient, sous certains rapports, ne pas trop se plaindre de leur défaite. Que restait-il de tant d'accusations portées contre eux? Rien, absolument rien! On réclamait leur dispersion, leur proscription : quel compte le Parlement et le gouvernement avaient-ils tenu de ces odieuses exigences? Aucun. Les ministres avaient déclaré publiquement que les Jésuites avaient toute liberté de prier, de prêcher, de vivre en commun, sans que l'autorité eût à intervenir; leurs *résidences*, leurs noviciats, leurs *scolasticats* ou maisons d'études affectées à leurs jeunes religieux, n'étaient pas menacés, mais seulement leurs petits séminaires. En un mot, ils avaient la liberté d'exister; on leur refusait seulement la liberté d'enseigner. Encore cette interdiction avait-elle pour unique prétexte *le*

(1) A plus forte raison n'en saurait-il rien subsister après que la liberté d'enseignement, proclamée en principe par la Charte de 1830, a été consacrée par les lois équitables et écondes de 1850 et de 1875.

monopole de l'Etat; et par suite, du jour où le monopole serait supprimé, les Jésuites, jouissant de leurs droits civils, — on ne le niait pas, — pourraient, aux mêmes conditions que tous les autres Français, prendre part à l'instruction de la jeunesse.

XX

La cause des Jésuites avait donc ce grand honneur d'être désormais inséparablement liée à celle de la liberté de conscience et de la liberté d'enseignement. C'est ce que fit éclater dans tout son jour la discussion qui s'engagea, à propos du budget de l'instruction publique, les 7 et 8 juillet 1828. Un député, M. Leclerc de Beaulieu, réclama nettement, au nom de la Charte et de la liberté légale, la suppression du monopole universitaire, dont l'établissement lui paraissait être « l'acte le plus despotique des temps modernes. » Il montra que, pour concevoir et exécuter une telle idée, il ne suffisait pas de dire : *l'Etat c'est moi ;* il fallait encore dire : *l'Etat c'est moi, et moi, c'est l'épée.* Jamais l'ancienne monarchie n'avait rêvé semblable tyrannie.

« Nos pères, disait l'orateur, en cela bien plus libres que nous qui parlons tant de libertés, usaient du droit de choisir les instituteurs de leurs enfants, comme du droit le plus sacré et le plus précieux ; ils en usaient par une sorte de tradition, qui se transmettait dans les familles et qui s'interrompait bien rarement. Voyait-on sortir à Paris deux enfants de leurs maisons paternelles? L'on savait d'avance que l'un s'acheminait vers un collége de l'Université et l'autre vers Louis-le-Grand. Il en était de même dans les provinces; le fils retrouvait à l'Oratoire ou à la Flèche un professeur qui avait connu le professeur de son père; le jour même de son arrivée, il n'y était pas comme un inconnu et un étranger, car sa famille faisait partie de la clientèle de la maison. C'est ainsi que mon aïeul, mon père et moi nous sommes succédés à longs intervalles chez les oratoriens; je prie la Chambre de me pardonner ce détail de famille. Je ne ferai pas ressortir ici les avantages d'une telle concurrence sous le rapport de l'émulation; je ne vous rappellerai pas Rollin et Jouvency, faisant paraître presque en même temps leurs excellents Traités des études; je ne veux considérer la question que sous ses rapports politiques. Eh bien, je soutiens qu'un tel ordre de choses est essentiel à tout gouvernement qui n'est pas despotique, ou qui ne veut pas être *républicain à la mode de Sparte*. Chaque père de famille veut se survivre dans ses enfants : comment donc jouira-t-il des libertés de conscience et d'opinion qui lui sont garanties par la Charte, s'il n'en jouit pas aussi dans ses enfants; s'il n'est pas le maître de choisir des instituteurs qui les dirigent comme il les dirigerait lui-même dans la maison paternelle? Or, multipliez tant que vous voudrez les colléges et les pensionnats; *il n'y a pas de choix, là où il y a monopole*. Répétez tant que vous voudrez que l'enseignement et l'exercice de la religion paternelle sont un des principaux soins de l'Université, il ne suffit pas que cela soit, il faut encore que le père de famille en soit persuadé, et le monopole repousse la persuasion. (Adhésion à droite.)

« A Dieu ne plaise que je prétende attaquer en quoi que ce soit les membres du corps enseignant : je me plais à séparer tout ce qu'il y a d'honorable dans les personnes des vices de l'institution. Mais un département ministériel exerçant un monopole, qui pèse sur la plus sensible de nos affections, peut-il se flatter d'obtenir une confiance universelle ? Tels pères de famille veulent des pères de famille comme eux pour instruire leurs enfants ; tels autres veulent des maîtres qui n'aient d'autre famille que leurs élèves : où ceux-ci trouvent qu'il y a trop de religion, ceux-là trouvent qu'il n'y en a pas assez. L'empereur Charles V, devenu horloger dans sa retraite de l'Estramadure, et ne pouvant parvenir à régler ses montres, admirait la folie qu'il avait eue jadis, d'avoir voulu régler sur un mouvement uniforme les têtes humaines. N'est-il pas plus sage à un gouvernement de laisser aux pères de famille le libre choix des instituteurs de leurs enfants, que de prétendre en fournir qui conviennent à tout le monde ? »

En un mot, M. Leclerc de Beaulieu demandait énergiquement « *la liberté de l'instruction* » parce qu'elle était à ses yeux « *la conséquence nécessaire de la liberté de conscience, de la liberté politique et de la liberté civile.* »

Le ministre de l'instruction publique, M. de Vatimesnil, tout en faisant, il le fallait bien, l'apologie des Ordonnances, exposait, « sur la question très-importante de la liberté de l'instruction publique, » son propre sentiment, qui, ce nous semble, n'était pas si éloigné de celui du préopinant.

« En cette matière, disait avec loyauté M. de Vatimesnil, — qui, dix ans plus tard, illustrera son nom par sa fameuse *consultation* en faveur des jésuites, — en cette matière, comme en toute autre, il faut accorder, non pas une liberté illimitée, qui est une chimère dans l'ordre civil, mais la mesure de liberté qui est compatible avec l'ordre public et le bien de l'enseignement. Si la législation ne comporte pas encore cette mesure de liberté, il faut s'en rapprocher prudemment, progressivement, sans léser aucun intérêt et sans hasarder des expériences qui sont toujours dangereuses, surtout quand il s'agit de l'intérêt de l'enfance. »

Le baron de l'Epine, prenant acte de ces aveux, n'eut pas de peine à mettre le ministre en contradiction avec lui-même : « Il nous a dit, remarquait l'orateur en parlant de M. de Vatimesnil, il nous a dit que la liberté de l'instruction n'entrait pas dans nos institutions ; aveu naïf, dont je le remercie, et dont on profitera sans doute, pour que cette liberté, qui vaut bien les autres, puisse y entrer un jour. Il nous a dit que *les droits des pères étaient respectés, puisque, après tout, il leur était libre de prendre pour leurs enfants des instituteurs particuliers* (1). Parlait-il sérieusement? et si son caractère de droiture n'était aussi connu, ne semblerait-il pas que la dérision vient ici se mêler à l'injustice? »

Le comte de la Bourdonnaye mit fin au débat, en montrant les conséquences d'un premier acte d'arbitraire. « Quand une fois, dit-il, un régime exceptionnel s'établit par des Ordonnances, où s'arrêtera-t-on? M. le garde des sceaux ne prononce aujourd'hui d'incapacités que pour l'instruction et pour les congrégations. Demain, il en viendra une autre qui proscrira les jansénistes ou les protestants; après demain, on créera des incapacités politiques pour renouveler la magistrature, et personne ne sera assuré de son existence ou de son emploi. »

La prédiction de M. de la Bourdonnaye serait-elle en train de s'accomplir, à cette heure même, par les soins d'un ministère républicain!

(1) Cette étrange idée a été émise dans son discours d'Epinal, par M. Ferry, qui n'a pas même le mérite de l'avoir inventée.

XXI

Tandis qu'amis et ennemis paraissaient n'être occupés que des Jésuites, ceux-ci, victimes de la haine de quelques-uns, de la faiblesse de plusieurs, se disposaient à quitter ces huit écoles florissantes, ouvertes à trois mille enfants que l'université était impuissante à recueillir (1).

Peu surpris de ces disgrâces humaines qu'il est dans les traditions de leur ordre de regarder comme des faveurs du ciel, ils ne firent paraître ni colère, ni découragement (2). Leurs nombreux amis, il est

(1) « Il eût fallu fonder au moins dix colléges royaux pour y loger, nourrir, instruire dans les sciences et la vertu ces trois mille élèves que l'on voulait absolument arracher de la tutelle des RR. Pères. Mais pour cela l'argent était le premier moyen d'action, et 24 millions ne sont pas tout d'abord sous la main; la confiance des familles était ensuite la difficulté de la réalisation, or, la confiance (pour l'Université) existait-elle? Non, sans doute. *Par économie même on eût sagement fait de laisser vivre en paix les établissements des Jésuites.* Il eût été prudent et sage de les conserver. » (*Mémoires de l'abbé Liautard, fondateur du collége Stanislas*, T. II, p. 36.)

(2) Quelques extraits de la correspondance entre les Jésuites de Paris et leur supérieur général à Rome, vont nous aider à saisir sur le fait leurs intimes sentiments au sujet de l'épreuve qu'ils traversaient alors.

Le P. Varin écrivait de Paris, le 11 janvier 1828, au R. P.

vrai, s'empressaient à les consoler. M. le duc de Blacas leur offrait un de ses châteaux avec le revenu nécessaire pour l'entretien de 15 à 20 personnes. Deux autres bienfaiteurs imitaient cet exemple. Le peuple témoignait, à sa manière, sa sympathie aux persécutés, en se pressant partout autour de leurs chaires. Le P. Guyon à Besançon, le P. Petit à

général : « Le changement de ministère doit aussi en opérer un très-prochainement par rapport à nos établissements. Déjà hier on s'attendait à voir paraître l'ordonnance royale qui devait décider de notre sort... On croit que l'ordonnance est déjà signée ; mais on ignore le mode qu'on aura choisi pour nous attaquer. Toute la difficulté vient, d'un côté, de ce que l'on est obligé de reconnaître qu'en justice nous sommes inattaquables sous le manteau de la Charte qui nous couvre et nous protége, et de l'autre, qu'on ne veut pas prendre l'odieux caractère de persécuteur. »

Le P. Godinot, provincial, mandait à son tour, le 9 juin : « Quum, Deo benigne providente, non nisi ad verba veniunt adversarii, nondum ad verbera quibus forte non sumus digni, quiete in omnibus domibus nostris vivunt nostri. » — Le 13 : « Expectantes expectamus, quantum possumus pacifice et in Deum confisi... Indigemus spiritu consilii, prudentiæ, fortitudinis. »

Le P. Druilhet, le futur précepteur du comte de Chambord, écrivait le 29 juillet : « Ce coup qui vient de nous frapper ne nous est pas aussi funeste qu'on aurait pu se l'imaginer. Nos jeunes scholastiques se fatiguaient, s'usaient dans les travaux de la surveillance ou de la régence... Il me semble que si ce coup n'est qu'une suspension et qu'elle ne doive durer que trois à quatre ans nous aurons plus à nous en féliciter qu'à nous en plaindre. Notre jeunesse, pendant ce temps, pourra être appliquée aux études, retrempée dans

Montauban, le P. de Maccarthy surtout à Dijon, voyaient, durant les stations d'Avent et de Carême de cette même année, un concours prodigieux répondre à leur zèle. Les anciens élèves des Jésuites s'honorèrent par un dévouement unanime à leurs maîtres. Ils signèrent la protestation suivante qui fut par eux communiquée à la presse.

« Paris, le 8 juillet 1828.

« Monsieur,

« Réunis actuellement à Paris, les soussignés, anciens élèves des petits séminaires confiés à la direction des Jésuites, vous prient de rendre publique la déclaration suivante :

l'esprit de la Compagnie et préparée au sacerdoce, tandis que les prêtres, par petits corps d'*operarii*, pourront dans les diverses diocèses travailler sous les ordres des évêques qui ont déjà fait des demandes nombreuses, et peut-être par là produire au moins autant de bien, quoique d'une autre manière. Votre paternité en décidera. Elle sait mieux que nous ce qui convient à la gloire de Dieu et au bien de la compagnie ; et Notre-Seigneur, en vous faisant le Père commun d'un si grand nombre d'enfants dociles et dévoués à vos ordres, s'est engagé par là même à vous donner les lumières et les grâces nécessaires à de si saintes et si délicates fonctions. »

Il y avait bien des privations à subir, elles étaient joyeusement acceptées. *Le P. Guillermet* écrivait du Puy : « Maxima *fruimur* et *gaudemus* paupertate; sed quæ cœli avibus pabula ministrat, ministrat et nobis panem quotidianum divina Providentia » (*Archives du Gesu*).

« Le malheur de nos anciens maîtres n'a point désarmé la calomnie; ils continuent à être l'objet des imputations les plus odieuses. Nous avons pu garder le silence tandis que leurs ennemis les proclamaient tout-puissants; mais aujourd'hui ce silence serait lâche et coupable.

« Forts de notre conscience et de la vérité, nous venons donc à la face de la France, proclamer l'innocence de nos anciens maîtres, et les venger des accusations de la haine et de la prévention. Nous affirmons qu'élevés dans les établissements des Jésuites, nous y fûmes constamment les témoins de la pureté de leurs vertus, de leur attachement au trône de nos rois, et de leur soumission aux lois du pays. Nous aimons à leur rendre ce témoignage au moment surtout où un de leurs élèves (Marcet de la Roche-Arnaud) vient de se mêler à leurs accusateurs : heureux et fiers, de couvrir le cri isolé de l'ingratitude par la voix unanime de la reconnaissance.

« Dans toutes les circonstances de notre vie, nous saurons, par notre fidélité à Dieu, par notre dévouement à la famille de nos rois et notre obéissance aux institutions que nous leur devons, prouver que les Jésuites savent former de vrais chrétiens et de bons Français (1). »

(1) L'*Ami de la religion*, LVI, p. 287.

L'évêque d'Amiens avait le droit de dire que « ceux qui protestaient ainsi étaient des témoins d'autant plus croyables qu'ils ne faisaient parler en faveur de leurs maîtres que la pureté de leurs mœurs, une instruction solide, de saines doctrines en littérature, et ce qui est plus précieux, une piété sage et éclairée (1). »

Si les Jésuites furent touchés de ces démonstrations, ils ne jugèrent pas devoir s'y associer. Ils gardèrent le silence, laissant à Dieu le soin de juger leur cause. Le 7 août, le P. Godinot, provincial de France, écrivit aux recteurs des huit petits séminaires : « Après votre distribution des prix, qui doit se faire sans éclat et sans discours qui tende à faire des allusions ou à exciter des regrets, vous donnerez à tous, c'est-à-dire à tous les Pères, prêtres ou frères, les huit jours de vacances pleins que permet l'Institut; puis, tous feront la retraite annuelle avec le plus de recueillement et de ferveur qu'ils pourront. Encouragez tous les nôtres à profiter de ces pénibles épreuves que le Seigneur nous envoie, pour se retremper dans l'esprit de générosité, de confiance et de foi, et s'avancer dans les vertus intérieures et l'esprit de notre saint Fondateur. »

(1) *Lettre pastorale de Mgr de Chabons, évêque d'Amiens, pour la défense de Saint-Acheul, publiée le 12 juin 1828, fête du Sacré-Cœur.*

L'énergique vieillard qui gouvernait alors la province de France, après avoir rempli ce premier devoir, ne crut pas avoir fini sa tâche. Les Jésuites, vaincus un moment dans la lutte qu'ils soutenaient pour la défense de la liberté religieuse et de la liberté d'enseignement, n'avaient rien perdu, il s'en fallait, de la confiance des familles chrétiennes ni de l'affection de leurs élèves. Le P. Godinot ouvrit un collége français sur la frontière d'Espagne, au Passage, près Saint-Sébastien, qui fut aussitôt peuplé par les élèves des maisons supprimées en France. Les petits séminaires de Saint-Acheul et de Dôle furent transformés en maisons d'études philosophiques et théologiques pour les jeunes religieux ; de toutes parts, les évêques réclamèrent le concours des anciens professeurs, devenus prédicateurs et missionnaires. On fit ainsi un grand bien, prenant en patience les maux présents, pleins d'espoir dans l'avenir.

XXII

Les derniers jours de Saint-Acheul méritent bien un souvenir. Ils furent marqués par des scènes touchantes où se révélaient les mutuels sentiments des enfants, de leurs parents et de leurs maîtres. Peu de temps après les Ordonnances, un élève, au nom de ses neuf cents camarades, réunis autour de Mgr de Chabons, faisait entendre ces nobles paroles : « Oui, Monseigneur, nous vengerons nos maîtres, et ce sera par notre courage, par notre constance à suivre le sentier de la vertu où ils ont conduit les premiers pas de notre enfance. » Un autre disait avec âme des strophes d'adieux ; cet *ancien* vit encore et s'appelle aujourd'hui S. E. Mgr *Caverot*, *cardinal archevêque de Lyon*. Ceux qui déjà vivaient dans le monde protestaient qu'ils sauraient par leur fidélité à Dieu et leur dévouement au pays, prouver que leurs maîtres avaient fait d'eux de vrais chrétiens et de vrais français.

Tout le clergé du diocèse d'Amiens, le conseil municipal de la ville, le conseil général du département, dans plusieurs adresses et réclamations, reproduisaient, sans entente préalable, les mêmes expressions d'éloge et de regret : « *Pères et élèves ont passé parmi nous en faisant le bien.* »

Le dimanche, 17 août, eut lieu la dernière distribution de prix. Suivant l'usage, les prix de doctrine chrétienne furent donnés dans l'église, avec l'appareil imposant dont avait été toujours environné, à Saint-Acheul, cet acte tout à la fois littéraire et religieux. Le reste de la cérémonie fut grave et triste ; les couronnes, que les vainqueurs ôtaient aussitôt de leurs fronts, étaient réservées à un suprême hommage de fidélité : on les destinait au royal enfant que la révolution, fatale à Saint-Acheul, devait deux ans plus tard priver de la couronne de France.

Peut-être les plus acharnés ennemis eussent-ils éprouvé quelques remords, s'ils avaient pu contempler, spectacle extraordinaire et attendrissant, ces nombreux jeunes gens de tout âge, de tout rang, de tout pays, unanimes dans leurs regrets et leur douleur, pleurant ensemble, embrassant à l'envi leurs maîtres, et multipliant des adieux que ne consolait aucun espoir de retour. Les pauvres, les familles adoptées, les enfants instruits et patronnés par les élèves, étaient accourus ; ils couvraient la vaste esplanade et prenaient part à l'universelle affection, gémissant tout haut qu'on leur enlevât, avec leurs jeunes bienfaiteurs, les secours abondants qui jusqu'alors allégeaient leurs misères...

L'ordre légal le voulait ainsi, *le bien public*, paraît-il, commandait cette destruction ; ce sacrifice était exigé par *l'opinion!*

Deux ans plus tard, l'opinion qui, sans doute, par zèle du bien public, bouleversait l'ordre légal et faisait une nouvelle révolution, n'oublia pas Saint-Acheul, pourtant silencieux et à moitié désert. Ce qu'aux jours de désordre on appelle *le peuple* se rua sur cette proie facile et enfonça les portes aux cris incohérents de *vive la Charte! vive l'Empereur! vive la liberté! à bas la calotte! mort aux Jésuites!* Ce terrible logicien tirait à sa manière les dernières conséquences des pétitions, des consultations et des ordonnances royales. Au milieu du tumulte, une voix domina ces clameurs : « Nous ne vous avons fait que du bien ; pourquoi nous rendez-vous du mal ? » Celui qui parlait ainsi, magistrat la veille, depuis peu jésuite, s'appelait Xavier de Ravignan. Pour toute réponse, une grêle de pierres lui fut lancée ; l'une l'atteignit au front, et le sang coula.

Je le demande, s'il y avait là deux Frances en présence, de quel côté étaient les vrais Français : du côté des émeutiers, ou du côté de Ravignan et de ses compagnons ; les uns hurlant, buvant, pillant, lançant des pierres; les autres disant avec une calme fierté : « *Pour laquelle de nos bonnes œuvres nous lapidez-vous?* »

Qu'on y prenne garde : les mêmes causes produisent les mêmes effets; la persécution légale amène la persécution brutale; les clameurs de la tribune ont pour échos les cris de la rue ; la faiblesse des gouvernants qui fait les Pilates livrant le juste, ne va pas sans la fureur de la populace qui verse son sang.

Aujourd'hui, vous croyez satisfaire les passions mauvaises, en sacrifiant, avec les Jésuites et les autres congrégations religieuses, la liberté de l'enseignement ; demain, vous sacrifierez forcément le reste, et pour avoir été faibles, vous vous perdrez vous-mêmes, sans rien sauver.

Si, ce qu'à Dieu ne plaise ! les projets iniques de M. Jules Ferry devaient être accueillis au Parlement, tandis que la majorité du pays les repousse, les Jésuites seraient moins à plaindre que leurs proscripteurs ; une fois de plus, comme au titre de ce livre, leur nom se confondrait avec celui de la liberté trahie, tandis que d'autres noms n'échapperaient pas à la flétrissure de l'histoire.

PIÈCES JUSTIFICATIVES

Les documents sont cités soit *in extenso*, soit par longs extraits, suivant leur importance et l'intérêt qu'ils offrent par rapport à l'histoire ou aux questions du jour.

PIÈCES JUSTIFICATIVES.

I

RAPPORT AU ROI

De la Commission d'enquête sur les écoles secondaires ecclésiastiques formée par ordonnance du 20 *janvier* 1828.

(28 mai 1828.) (1)

DE LA DIRECTION DES ÉCOLES ECCLÉSIASTIQUES.

L'examen approfondi auquel elle s'est livrée, a conduit la commission à connaître quels étaient les ecclésiastiques chargés par les évêques de l'enseignement et de la direction de nos écoles ecclésiastiques secondaires. Les renseignements fournis par MM. les préfets des départements et les recteurs des académies n'ont donné lieu à aucune observation sur le plus grand nombre des écoles ecclésiastiques secondaires. Dans les diocèses de Bordeaux, Aix, Amiens, Vannes,

(1) Nous donnons le texte intégral du Rapport de la commission de 1828, dont M. Jules Ferry a si étrangement abusé dans son exposé des motifs.

Clermont, Saint-Claude, Digne et Poitiers seulement, les préfets ont écrit, les uns que la direction des petits séminaires de leur département était confiée à des jésuites, les autres que cette direction était confiée à des prêtres vivant dans leur intérieur sous la règle de saint Ignace. Les évêques ont affirmé que les ecclésiastiques auxquels la direction de ces huit petits séminaires était confiée, suivaient, pour leur régime intérieur, la règle de saint Ignace, mais que ces prêtres, choisis par les évêques, révocables à leur volonté, soumis en tout à leur autorité et à leur juridiction spirituelle, ne se distinguant des autres prêtres de leurs diocèses par aucune dénomination particulière, ni par aucun costume différent, ne pouvaient être considérés, aux yeux de la loi, que comme des individus, et non comme formant une corporation religieuse chargée de la direction des écoles ecclésiastiques.

La nature et la forme de ces divers renseignements rapprochés les uns des autres ont dû amener la commission à poser et à examiner mûrement deux questions, l'une de fait et l'autre de droit : la première consistait à savoir jusqu'à quel degré de certitude elle pouvait affirmer que les huit petits séminaires fussent réellement dirigés par des prêtres appartenant à une congrégation non autorisée; la seconde devait établir quelle était la liberté que les lois, ordonnances et règlements laissaient aux évêques dans le choix des instituteurs et directeurs de leurs séminaires, et aussi en quoi consistait, par rapport à ces instituteurs et directeurs, la liberté civile et religieuse consacrée par la Charte; enfin, si les évêques étaient ou non en contravention aux lois du royaume, par le choix qu'ils avaient fait de ces prêtres pour la direction de leurs écoles ecclésiastiques. Ces questions étant ainsi renfermées dans le cercle étroit qui lui était tracé, la commission a pu tirer des conclusions et prendre une résolution qui, après avoir été l'objet de fréquentes et longues délibérations, a cependant réuni la majorité des suffrages.

Il est vrai que, sur ce point, il nous a été pénible de voir la commission se diviser; jusque-là, elle avait été d'un avis unanime. Le partage entre les deux opinions a été tel, que nous avons désiré qu'elles fussent textuellement insérées dans le rapport, ainsi que les motifs qui les ont dictées l'une et l'autre, afin que Votre Majesté connût la vérité dans sa plus exacte précision, et pour satisfaire en même temps à la demande de la minorité de la commission.

L'opinion qui a réuni quatre suffrages (la minorité) a présenté le résultat suivant :

La loi du 19 février 1790 a expressément supprimé les ordres religieux. Cette suppression a été confirmée et maintenue par l'article 11 de la loi du 8 avril 1802, qui a réglé l'exécution du Concordat, et a été formellement renouvelée par un décret de 1814. C'était d'ailleurs un principe incontestable dans le droit public de la monarchie qu'aucune institution d'ordre religieux ne pouvait avoir lieu sans autorisation royale, donnée en forme d'édit.

Il est vrai qu'on allègue que, sous le régime de la Charte, il est libre à chacun de suivre les règles et pratiques religieuses qu'il s'impose.

S'il s'agit de règles et pratiques religieuses dont un individu se prescrit l'observance dans son intérieur, sans doute la chose ne peut tomber que sous la juridiction des directeurs spirituels; mais du moment qu'il résulte de l'adoption de cette règle une association d'hommes réunis par des vœux et des liens monastiques, cette association est passible de l'application des lois qui viennent d'être citées.

Ces lois n'ont pas été éteintes par l'effet des dispositions généreuses de la Charte. Non-seulement elle a déclaré que les lois existantes resteraient en vigueur, tant qu'il n'y aurait pas été légalement dérogé; mais une loi rendue sous son empire, après de longues et solennelles discussions (en 1825), a consacré d'une manière irréfragable le principe qu'une association religieuse ne peut exister sans la sanction législative.

L'institut ou l'ordre de saint Ignace n'a point obtenu cette sanction.

Si l'on soutenait que les ecclésiastiques suivant la règle de saint Ignace, dont la présence dans plusieurs petits séminaires a fixé l'attention, ne forment pas une congrégation, et que, individus isolés, ils sont hors de l'action des lois qui prohibent les ordres religieux, nous répondrons qu'à nos yeux les ecclésiastiques qui sont chargés des petits séminaires de Saint-Acheul, Dôle, Bordeaux, Sainte-Anne d'Auray, Aix, Forcalquier, Montmorillon et Billom, sont constitués en congrégation ; en un mot, ils font partie de l'institut des Jésuites.

Nous pourrions invoquer à cet égard la notoriété et faire observer que, dans les publications répandues depuis quelque temps pour la défense de ces petits séminaires, si évidemment sortis du cercle que les ordonnances royales leur avaient tracé, les ecclésiastiques qui les dirigent sont hautement et ouvertement qualifiés de *Jésuites;* mais d'autres motifs ont déterminé notre persuasion.

Dès 1826, Mgr l'évêque d'Hermopolis, alors ministre des affaires ecclésiastiques et de l'instruction publique, a déclaré à la tribune des deux Chambres et notamment le 26 mai à celle des députés, que sept petits séminaires étaient sous la main des jésuites.

Depuis, un huitième établissement, formé dans *leur ancienne maison de Billom*, leur a été également confié.

On lit dans les rapports des recteurs des académies :

Sur le petit séminaire de Saint-Acheul,

« Les ecclésiastiques qui le dirigent suivent *la règle de saint Ignace.* »

Sur celui de Dôle,

« Les ecclésiastiques qui le dirigent font partie d'une congrégation. Ils sont censés appartenir à la

Compagnie de Jésus. Leur costume est le même que celui des prêtres séculiers, à *l'exception du petit collet.* Leur règle est conforme aux institutions de saint Ignace. »

Sur celui de Bordeaux,

« Le petit séminaire est entre les mains des *Jésuites*, appelés vulgairement *Pères de la foi.* Ils en ont le *costume*, et suivent les règles de cet institut. »

Sur celui de Sainte-Anne d'Auray,

« Il est dirigé par des religieux qui sont de la congrégation des *Jésuites*, ils en suivent la règle et en portent le *costume* au dedans et au dehors de la communauté. »

Sur ceux d'Aix et de Forcalquier,

« Ces deux petits séminaires sont dirigés par des ecclésiastiques généralement désignés comme faisant partie d'une congrégation, laquelle est indifféremment désignée par l'évêque diocésain, par le clergé et le public, sous le nom de *Pères de la foi* ou de *Jésuites*. Ces ecclésiastiques se distinguent des autres prêtres par le *costume*. Ils se distinguent aussi par certains actes extérieurs. Ils prennent le titre de Pères, etc. »

Sur celui de Montmorillon,

« Il est tenu par des ecclésiastiques à qui tout le monde, ainsi que le clergé, donne hautement la qualité de *Jésuites*, qu'eux-mêmes reçoivent et prennent, etc. »

Sur celui de Billom,

« Il est dirigé par des ecclésiastiques qu'on dit appartenir à la congrégation des Jésuites. Leur costume est, au collet près, celui des prêtres séculiers. »

Les rapports des préfets établissent :

Qu'à Saint-Acheul, la direction de l'établissement est confiée à des ecclésiastiques appartenant à la congrégation connue sous le nom de *Jésuites* ;

Qu'à Dôle, elle l'est à des ecclésiastiques suivant la *règle de* saint Ignace ;

Qu'à Sainte-Anne d'Auray, elle l'est à des ecclésiastiques faisant partie d'une congrégation sous la dénomination de *Pères de la foi.*

Qu'à Aix, la direction est confiée à des religieux qui prenaient la dénomination de Pères de la foi, et à qui depuis on a donné celle de *Jésuites ;*

Qu'à Forcalquier, l'enseignement est confié à des ecclésiastiques faisant partie d'une *congrégation* ;

Qu'à Montmorillon, le petit séminaire est dirigé par les *Jésuites* ;

Qu'à Billom, le petit séminaire est confié à des *Jésuites* qui sont au nombre de trente, y compris les frères servants.

Quant aux évêques, leurs déclarations, rédigées avec une entière conformité d'idées et même d'expression, portent unanimement que la direction et l'enseignement dans les petits séminaires ci-dessus désignés sont confiés à des ecclésiastiques qui suivent la *règle de saint Ignace*.

C'est d'après ces renseignements authentiques et ces déclarations formelles, que LA MINORITÉ de la commission considère comme un fait positif l'existence de la congrégation des Jésuites dans les huit petits séminaires.

On prétend (1) vainement qu'il ne s'agit que de prêtres isolés, observant pour leur régime intérieur la règle particulière de l'institut de saint Ignace. La base des statuts de cet ordre est l'obéissance absolue et hiérarchique de tous ceux qui reconnaissent s'y soumettre, en aboutissant jusqu'au général, qui réside hors du royaume.

Se ranger sous ses statuts, en observer les prescriptions, porter un costume particulier, accepter la qualification de membre de l'ordre, c'est s'associer, même extérieurement, à une congrégation religieuse. Il est vrai que cette congrégation ne se présente pas comme une corporation, qu'elle ne possède ni n'acquiert à ce titre ; mais elle ne pourrait le faire que si l'autorité compétente lui avait déjà donné l'existence civile ; or, personne ne prétend que la congrégation dont il s'agit en ce moment ait une capacité qui ne peut résulter que d'une création légale. *Dans l'opinion de la minorité* (2), c'est une erreur de croire que les lois, ainsi que les anciennes maximes de la monarchie, qui veulent qu'aucun ordre religieux ne puisse s'introduire en France sans la permission ex-

(1) Troisième découpure de M. Ferry, p. 10 de son Exposé. — Sentiment de la minorité attribué à la majorité.

(2) Mots supprimés par M. Ferry. (Première découpure, p. 7 de l'*Exposé des motifs.*)

presse de l'autorité souveraine, ont eu seulement en vue la capacité relative à la propriété et à sa disposition. Elles ont d'abord en vue les règles par lesquelles il s'agissait de lier d'une manière continue et permanente, pour tous les instants de leur vie, des habitants du royaume. Aussi la permission ne pouvait-elle et ne pourrait-elle, dans aucun cas, être accordée que d'après l'examen des statuts. Ceux qui se réunissent pour vivre sous des statuts qui n'ont point été communiqués au gouvernement, qui n'ont point été approuvés dans la forme prescrite, sont donc en contravention aux lois.

Toutefois l'autorisation que les évêques leur accordent ne suffit-elle pas pour les relever de cette irrégularité? Nous n'hésitons pas à répondre négativement. S'il en était autrement, l'autorité épiscopale ferait plus que l'autorité du monarque, puisque le Roi lui-même ne pourrait prononcer qu'avec le concours des deux chambres. Et ne sentira-t-on pas les conséquences d'un pareil système, d'où il résulterait que chaque évêque pourrait au gré de son opinion particulière, introduire dans l'État des congrégations rivales? Les exemples du passé en ont prouvé les inconvénients.

Si maintenant on passe aux considérations particulières à l'institut de saint Ignace, on voit (1) que des édits solennels avaient aboli cet institut, et que,

(1) Deuxième découpure de M. Ferry, p. 8.

lorsque le roi Louis XVI voulut en tempérer l'exécution, relativement aux individus qui en avaient fait partie, il ordonna (en 1777) expressément qu'à aucun titre ils ne pussent s'immiscer dans l'instruction publique. Ainsi l'ordre des Jésuites a été prohibé, et bien loin que les actes postérieurs aient révoqué cette prohibition, la législation subséquente l'a confirmée.

En résumé, l'association des prêtres, suivant la règle de saint Ignace, paraît, *aux yeux de la minorité* (1), constituer une congrégation qui est formée sans autorisation régulière.

La direction et l'enseignement des écoles ecclésiastiques, confiés à des membres de cette congrégation, paraissent, *à la minorité* (2), contraires aux dispositions légales.

Les cinq autres suffrages (3) ont, au contraire, admis la résolution ainsi qu'il suit :

Si, d'un côté, il paraît résulter de quelques discours prononcés l'année dernière dans les deux chambres par M. le Ministre des affaires ecclésiastiques, de la correspondance des préfets, et des rapports faits par les recteurs des académies, qu'il existe huit petits séminaires dont la direction est confiée à des ecclésiastiques appartenant à une congrégation religieuse non autorisée, de l'autre, il est constant,

(1) Mots supprimés par M. J. Ferry.

(2) Mots supprimés par M. J. Ferry.

(3) Ici commence l'exposé du sentiment de la majorité : M. Ferry n'en a pas cité une ligne !

par la déclaration des évêques, que la direction de ces établissements n'est confiée qu'à des individus choisis par eux, placés sous leur autorité, surveillance et juridiction spirituelles, et même sous leur administration temporelle ; que ces individus, révocables à la volonté des évêques, ne se distinguent des autres ecclésiastiques de leur diocèse par aucun signe extérieur ni par aucune dénomination particulière, bien qu'ils suivent pour leur régime intérieur, la règle de saint Ignace.

Attendu qu'en vertu de l'ordonnance réglementaire du 5 octobre 1814, faisant jurisprudence sur la matière, la direction des écoles ecclésiastiques et la nomination des directeurs appartiennent aux évêques;

Que les évêques dont il s'agit déclarent que les prêtres auxquels ils ont confié la direction et l'enseignement de leurs petits séminaires sont choisis par eux, qu'ils sont soumis, comme tous les autres prêtres de leur diocèse, à leur autorité et juridiction spirituelles et à leur administration temporelle ;

Qu'il résulte de cette déclaration que ce n'est pas à une corporation, mais à des individus révocables à la volonté des évêques que la direction de leurs écoles ecclésiastiques est confiée ;

Considérant qu'il n'est pas possible de saisir légalement, à ces caractères, l'existence d'une corporation religieuse, chargée de la direction et de l'enseignement dans les écoles ecclésiastiques, et que les individus eux-mêmes employés dans ces écoles ne seraient pas, à ces seuls caractères, saisissables par la loi, comme faisant partie d'une congrégation non autorisée par elle;

Que, sous le régime de la Charte, de la liberté civile et religieuse qu'elle a consacrée et qu'elle proclame, il n'est permis à personne de scruter le for intérieur de chacun pour rechercher les motifs de sa conduite religieuse, des règles et des pratiques auxquelles il se soumet, du moment que cette pratique et cette conduite ne se manifestent par aucun signe extérieur et contraire à l'ordre et aux lois; qu'autrement ce serait se permettre une inquisition et une persécution que nos institutions réprouvent;

Considérant enfin, que, n'ayant d'autre moyen de reconnaître les faits sur lesquels elle est appelée à prononcer, que par les renseignements officiels qui lui ont été transmis :

LA MAJORITÉ de la commission, s'en référant aux déclarations faites par les évêques, estime que la direction des écoles secondaires ecclésiastiques, donnée par les archevêques de Bordeaux et d'Aix, par les évêques d'Amiens, de Vannes, de Clermont, de Saint-Claude, de Digne et de Poitiers, à des prêtres révocables à leur volonté, soumis en tout à leur autorité et juridiction spirituelles et même à leur administration temporelle, bien que ces prêtres suivent, pour leur régime intérieur, la règle de saint Ignace, N'EST PAS CONTRAIRE AUX LOIS DU ROYAUME.

Durant le cours de ses délibérations, la commission

a souvent été frappée des réclamations de l'Université contre l'admission, dans quelques écoles ecclésiastiques, d'un certain nombre d'élèves qui ne se destinent pas au sacerdoce, et qui, notoirement, n'ont pas même une apparence de vocation à cet état; si nous n'avons pas cru devoir faire de ces réclamations l'objet d'un article séparé, c'est parce que la plupart des dispositions que nous avons eu l'honneur d'indiquer à V. M. dans les précédents articles de ce rapport, tendent à rappeler et à rétablir l'éducation spéciale des petits séminaires dans les bornes qui lui ont été assignées par la lettre de notre législation. Nous ne doutons pas, d'ailleurs, que les évêques eux-mêmes ne s'empressent, ou de ramener sans secousses, ou avec les tempéraments convenables, leurs petits séminaires à la spécialité qu'ils doivent avoir, ou à s'entendre avec l'Université, pour qu'en se conformant à ses lois et règlements, ces écoles, devenant de tout point régulières, soient mises à l'abri de tout reproche et de toute recherche.

Sire, la majorité de la commission a pensé qu'ici se terminait la mission que V. M. a daigné nous confier; n'ayant pas été appelés à prononcer d'une manière formelle, et dans sa généralité, sur la question majeure, en religion comme en politique, qui divise les esprits, nous avons dû la resserrer strictement dans les limites qui nous avaient été marquées: *Rechercher l'état des faits en ce qui concerne les écoles ecclésiastiques secondaires, les comparer aux lois; faire subir l'épreuve d'un examen préalable et approfondi aux dispositions reconnues indispensables au maintien du régime légal, avant qu'elles soient proposées à la discussion de votre conseil et à l'approbation de V. M.*, tels étaient nos devoirs.

Toutefois, il ne suffisait pas que les mesures proposées par la commission fussent en harmonie *avec les droits sacrés de la religion, ceux du trône, de l'autorité paternelle et domestique;* il fallait encore, aux termes du rapport approuvé par V. M., *qu'elles se coordonnassent avec notre législation politique et les maximes du droit public français*, c'est-à-dire avec les principes de liberté individuelle et de tolérance religieuse reconnus et consacrés par la Charte.

D'où il résultait l'indispensable nécessité d'écarter avec le plus grand soin de la recherche des faits toute présomption morale, toute induction, toute assertion, non susceptibles d'être constatées et prouvées légalement. La commission se trouvait encore placée dans l'impossibilité de proposer aucune mesure qui ne pût être exécutée que par des moyens et dans des formes arbitraires et vexatoires, parce qu'il ne s'agissait pas pour elle de recueillir des bruits publics, de prévoir des abus possibles et d'établir une théorie de répression, mais de constater des faits faciles à reconnaître légalement, des abus impossibles à dissimuler, et d'en indiquer les remèdes, mais des remèdes usuels, pratiques, constitutionnels, également éloignés d'un système de faiblesse coupable, et de l'apparence d'une persécution et d'une intolérance incompatible avec le principe de notre pacte fondamental.

Le Roi jugera, dans sa sagesse, si la commission a atteint le but que V. M. lui avait indiqué. Sa conscience lui dit, du moins, qu'elle a fidèlement rempli ses devoirs en mettant aux pieds du trône le tribut de ses faibles lumières et le résultat de sa profonde conviction.

Nous sommes avec respect, Sire, de Votre Majesté,

Les très-humbles, très-obéissants serviteurs et fidèles sujets.

Signé : † HYACINTHE,
Archevêque de Paris, président de la Commission.

Signé : MOUNIER,
Secrétaire de la Commission.

Paris, 28 mai 1828.

II

LE RAPPORT DE M. PORTALIS

Sur la pétition Montlosier (19 janvier 1828) (1).

En lisant avec quelque attention le rapport de M. le comte de Portalis, on est d'abord étonné que le noble pair, qui jouit d'une réputation si bien méritée de droiture, d'honneur et de lumières, qui aime sincèrment la region et la monarchie, ait pu traiter comme il l'a fait, la haute question dont il était chargé, et présenter de pareilles conclusions. Il aima autrefois les PP. de la foi ; il leur en donna des preuves dans des temps difficiles. Aujourd'hui ces mêmes hommes sont désignés sous un autre nom, et voilà qu'à ce nom seul, les idées de M. Portalis sont toutes changées. D'où vient cela? Est-ce une défiance excessive de ses lumières, qui lui aura fait rechercher celles des autres? Est-ce sous l'influence secrète de certaines gens? ou bien préjugés de l'éducation, préventions de l'enfance, peut-être esprit..... parlementaire dans lequel il a été élevé? Tant d'âmes honnêtes ont de la peine à s'en défendre!

(1) Ces notes sont d'un jésuite du temps, dont nous ignorons le nom.

Quoi qu'il en soit, le rapport qu'il a présenté à la Chambre des Pairs, le 18 janvier 1827, nous paraît renfermer des assertions bien peu justes, et que dans tout autre nous appellerions des perfidies, d'autant plus dangereuses qu'elles sont recouvertes d'un air de modération et de mesure capable d'en imposer à des esprits peu attentifs.

Il en est trois surtout que nous avons remarquées, et que nous allons rapidement indiquer.

1° *Ecarter ce qui est favorable à la cause...* Il met de côté et l'utilité des asiles religieux, et les besoins de la société qui semble les réclamer, et les services particuliers de ceux qu'il attaque, et les réclamations de la France chrétienne qui les demande de toutes parts..... Ce n'est pas là, dit-il, la question ; tout cela ne fait rien à *la question légale!* Comme si les lois n'avaient jamais besoin d'être interprétées, et qu'elles parlassent, comme la géométrie, la règle et le compas à la main... Certes, les préjugés favorables doivent toujours entrer dans l'examen d'une cause.....Commencer par les écarter froidement, c'est annoncer qu'on a pris son parti, et que le jugement est porté d'avance.

2° *Tendre à confondre les choses,* en les présentant sous un faux point de vue. C'est sa marche à peu près dans tout son rapport. *Corps religieux* et *association d'individus, autorisation* et *autorité* lui paraissent souvent la même chose; aussi, pour frapper l'un, cite-t-il des lois qui ne tombent que sur l'autre. Ainsi l'ordonnance de Louis XV qui supprime le corps des jésuites, *tel qu'il était*, bien entendu, et dont *ce qui est* aujourd'hui n'est pas même l'ombre; ainsi l'ordonnance de Louis XVI, qui ne supprime pas les jésuites, puisqu'ils l'étaient depuis quatre ans par Clément XIV; et qui, quand elle les supprimerait, ne le ferait que dans le sens de Louis XV; ainsi des lois du temps de la Terreur, de la Convention, du Directoire, de Bonaparte (1790, 1792, 1799, 1804), lois qui du reste ne regardent que *les corps religieux* qu'elles suppriment et non ce qu'on veut supprimer aujourd'hui. Une loi de 1817 qui ne concerne que des assemblées de plus de vingt personnes, dans une maison privée (de francs-maçons, par exemple, d'illuminés, auxquels on se garde bien de l'appliquer), mais non des personnes domiciliées, paisibles, qui vivent ensemble et ne demandent rien; une loi enfin de 1825, qui n'est faite que pour des *femmes* qui veulent vivre en *communauté reconnue et approuvée*, et non pour des *hommes* qui ne demandent ni à être *corps religieux*, ni à être *approuvés*... Du reste, à peine un mot sur les lois favorables, sur la Charte qui a abrogé tant de choses et qui n'aurait pas abrogé les lois funestes de 1792 et de 1799; sur les articles 5 et 6 de cette Charte qui consacre si bien le droit qu'a chacun, pourvu qu'il ne trouble pas l'ordre public, de régler sa conscience comme il le veut, et de servir Dieu à sa manière. — Y a-t-il dans toute cette marche de la droiture et de la bonne foi? et n'ai-je pas quelque raison de l'appeler perfidie?

3° Mais c'est surtout dans la manière dont la conclusion est présentée, que je trouve cette perfidie plus manifeste.

On a eu soin d'écarter ce qui était plus favorable à la cause, c'est-à-dire les besoins de la société, les réclamations des familles, les demandes des Evêques, les services rendus par ceux qu'on veut détruire; on a eu soin de ne les présenter que comme corps et association religieuse, passifs de toutes les lois qui les détruisent; on a dit et répété plusieurs fois qu'ils ne pouvaient exister sans autorisation spéciale. On a prévu que la réponse était simple, que la Charte les autorisait, que Louis XVIII les autorisait (et MM. Decaze et Lainé le savent bien), que Charles X qui les connaît les autorise en les laissant faire, que le gouvernement qui veille sur eux et qui apprécie leurs services, les autorise par une approbation tacite, ouverte même, puisqu'un des ministres parle pour eux (1).... On a prévu tout cela. — Mais on veut les détruire.... Il faut une loi, dit-on, et on apporte en preuve la loi de 1825! On sait bien que cette loi ne passerait pas; que les passions sont trop irritées, que le parti libéral est trop en force; que quand cette loi passerait aux députés, elle serait arrêtée infailliblement aux Pairs.... On sait tout cela et on se donne le mérite de la douceur et de l'impartialité, on semble plaindre la victime que l'on égorge; on dit, avec M. Lainé, *qu'il serait à désirer qu'une loi fût présentée*

(1) Mgr Frayssinous.

pour autoriser cette compagnie, s'il est prouvé qu'elle soit utile... Je demande si c'est là de la bonne foi et s'il n'y a pas perfidie?

Il semble donc qu'en cette matière, on pourrait prendre entièrement la contre-marche de M. Portalis.

Commencer par bien établir l'état de la question, de la manière suivante :

Faire voir que ce n'est pas un corps religieux ou monastique qui s'introduit dans l'État, mais de simples particuliers qui, pénétrés des mêmes motifs, s'unissent entre eux pour vivre plus saintement, travailler plus utilement, et se mettre sous la main des Evêques, dont ils tiennent tout, jusqu'à leur existence ;

Prouver que les lois qu'on invoque contre eux ne prouvent rien du tout, puisqu'elles ne frappent que sur *les corps religieux*, et qu'ils n'en sont véritablement pas un ;

Faire valoir les articles de la Charte, 5, 6, etc., qui les autorisent à vivre comme ils veulent, pourvu qu'ils ne demandent rien et ne troublent pas l'ordre public;

Appuyer cette interprétation de la Charte par la grande règle du *besoin de la Société* et de la *force des choses*, qui est bien aussi une loi morale, une loi autrement forte que toutes les lois de la Révolution et du Directoire ;

Passer ici au développement de ces besoins, *pour l'éducation* dont on ne peut enlever la direction aux pères de famille, sans blesser leurs droits les plus sacrés; *pour le saint ministère*, dont l'exercice difficile aujourd'hui demande un surcroît d'ouvriers qu'on trouve dans la Compagnie; *pour l'accroissement de la science*, suite nécessaire de la noble émulation qui doit s'engager entre les collèges universitaires et les petits séminaires; accroissement si bien senti, que les esprits les plus sages de l'Université désirent eux-mêmes ces établissements rivaux qui tiennent tout en haleine;

Enfin, et puisqu'on parle d'approbation, terminer par cette masse imposante d'approbations qu'a écartées M. Portalis :

Approbation de Louis XVIII, qui félicitait ses serviteurs d'avoir placé leurs enfants chez les Jésuites; qui ne permettait pas qu'on lui parlât d'inquiéter ces derniers;

Approbation de Charles X, qui a dit plus d'une fois que leur existence était renfermée dans la Charte;...

Approbation des ministres, dont les uns ont placé leurs enfants, les autres..... L'un laisse dormir la pétition de M. de Montlosier, l'autre parle trois fois en faveur, sans être désavoué par personne;...

Approbation de tous les Cardinaux, Évêques de France, tous! plus de trente ont demandé des établissements;...

Approbation de ce qu'il y a de plus distingué dans l'Etat, d'une foule de Préfets, de conseils généraux de département, dont 12 ou 14 ont demandé le rétablissement légal des Jésuites;

Approbation de plus de dix mille pères de famille, qui recourent ou ont recouru aux petits séminaires pour l'éducation de leurs enfants ;

Approbation enfin de tout ce qu'il y a d'honnête, de chrétien, de royaliste — tandis que leurs ennemis sont les Jacobins de toute couleur, les Jansénistes, les impies, etc., etc.

III

LES DEUX PORTALIS ET LES JÉSUITES (1)

M. JULES FERRY *a prononcé, dans son exposé des motifs, ce nom illustre. Il a cité le* fils; *nous le renvoyons au* père.

Montrons (sous l'Empire et sous la Restauration) deux hommes d'État également recommandables comme gens de bien, ayant les mêmes titres à la considération publique, et honorés l'un comme l'autre des suffrages universels. Par exemple, choisissons M. Portalis l'ancien, et le noble héritier de son nom. Le fils n'a dégénéré ni en réputation de mérite, ni en réputation de justice et de vertus. Rien n'autorise à croire qu'il puisse jamais vouloir répudier les principes et les glorieux sentiments qui lui ont servi de modèles. Eh bien, si dans ces postes éminents et à peu près pareils, l'un a cru devoir protéger les jésuites de toute sa force, et l'autre les écraser de toutes ses rigueurs, cette différence de conduite exprime nécessairement l'état de la religion aux deux époques. Ne cherchons donc à établir de comparaison que sous ce point de vue; et ne mettons pas sur le compte des

(1) Extrait d'un opuscule intitulé: *Le siècle de fer des Jésuites*, par Bellemare. Paris, Dentu, 1828.

hommes ce qui ne doit être attribué qu'à l'influence et à la force des choses.

A coup sûr Bonaparte ne manquait pas de conseillers enclins à l'indisposer contre les jésuites. Ni sa cour, ni son administration, ni lui-même ne passaient point, que je sache, pour être favorables aux intérêts religieux. Son ministre le plus influent était un ancien janséniste (1) élevé dans l'esprit d'hostilité de sa secte, et nourri de souvenirs envieux envers la Société de Jésus. Un autre (2) s'était échappé du haut sacerdoce pour adopter une vie nouvelle, dont la douceur pouvait être troublée par la renaissance des principes de morale et de piété que rapportait en France la sévère Compagnie. Dans ce temps-là aussi un conseiller d'État que M. de Lalande avait classé avec distinction dans son *Dictionnaire des Athées*, était jugé assez bon pour la place de directeur général de la librairie, c'est-à-dire pour la fonction qui agissait le plus puissamment sur le sort de la religion et des mœurs publiques. Par conséquent, l'époque semblait mal choisie pour parler de tolérance et de flexibilité en faveur des jésuites. Mais que ne peuvent point le caractère et les vertus d'un homme de bien ! Quel ascendant ne prend-il pas sur les circonstances les plus difficiles ! Au milieu de cette grande corruption des idées, et dans l'abandon presque général de tous les principes conservateurs, M. Portalis luttait presque

(1) Fouché.
(2) Talleyrand.

seul contre le torrent. Lui seul paraissait comprendre que les principaux liens de l'ordre social ne pouvaient rester plus longtemps détendus, sans appui dans la morale, sans éducation religieuse. Les jésuites (1) ne s'en cachent pas ; ce fut vers lui qu'ils élevèrent leurs espérances quand ils eurent besoin de recours et de protection. Ils y furent d'abord encouragés par l'exemple de M. de Crouzeilles, évêque de Quimper, qui ne cessait d'obtenir de M. Portalis quelque marque signalée de son zèle et de sa bonne volonté en faveur de toutes les entreprises qu'il voyait tendre au rétablissement du culte catholique et des mœurs chrétiennes. Sa liaison intime avec ce vertueux prélat, l'extrême chaleur avec laquelle il se plaisait à seconder ses œuvres de piété et surtout la renaissance des études religieuses, persuadèrent facilement aux jésuites qu'il était l'homme d'État le plus capable d'apprécier leurs travaux, et d'entrer dans leurs vues de bien public. Leur confiance en lui ne fut pas trompée. Non-seulement ils le trouvèrent accessible et affable pour eux au delà de toute expression, mais empressé à soutenir les grands efforts qu'ils faisaient déjà pour ranimer les saines doctrines, à les aider de tout son crédit pour le rétablissement de l'ancien système d'instruction chrétienne. Ce fut sous ses aus-

(1) Il s'agit des *Pères de la Foi* qui suivaient bien la règle de saint Ignace, mais n'appartenaient pas à la compagnie de Jésus ; ils n'y entrèrent individuellement qu'après son rétablissement en 1814.

pices qu'ils en jetèrent les plus solides fondements. Ce fut lui qui leur en facilita les moyens, tantôt par des encouragements secrets, tantôt par une bienveillance déclarée et ostensible.

En 1802, le ministre Fouché cédant au bourdonnement d'inquiétude de la philosophie, et peut-être plus encore à ses propres dispositions, fit prononcer la dissolution de leur société sur un ordre brusque et inattendu. Sur le champ M. Portalis prend ouvertement fait et cause pour eux, traite directement l'affaire avec Bonaparte, et obtient la révocation de cette capricieuse mesure. Le chef de l'État y mit seulement pour condition que leurs statuts seraient livrés à l'examen. M. Portalis ne voulant pas qu'une chose ne fût faite qu'à demi, parvint encore à les délivrer de cette vexation. Ce fut alors que sur ses pressantes démarches, il réduisit l'homme qui faisait tout trembler, à dire pour sa seule raison : « Eh bien, laissons-les donc aller ; nous verrons par la suite de quelle utilité ils pourront être. » Cet orage passé, ils jouirent d'une assez longue protection, ou du moins d'une tolérance publique qui donnait presque à leur rétablissement la force d'une chose jugée. Ils n'ont jamais oublié à qui leur reconnaissance était due pour tant de services et de bienfaits. Pour peu qu'on ait eu occasion de visiter quelqu'une de leurs maisons, c'est un nom que l'on n'a pu manquer d'y trouver vivant dans tous les souvenirs et profondément gravé dans tous les cœurs. Les maîtres regardent comme un devoir de l'apprendre à leurs élèves, et les élèves se font un acte de piété filiale de le répéter.

Cependant l'œil qui veillait sur le repos des jésuites ne put l'empêcher d'être troublé une seconde fois : il le fut sur l'envie qui s'attache presque toujours aux grands succès. Un décret impérial (1) ordonna de nouveau la dissolution de la société ; mais il n'éteignit point encore la chaleur du zèle de M. Portalis : « Consolons-*nous*, dit-il alors au supérieur de leur maison de Paris, *nous* y gagnerons ; *nous* ferons cause commune avec les évêques. On *nous* ôte les écoles secondaires, eh bien ! *nous* prendrons les petits séminaires. » Il tint parole ; et en très peu de temps ce nouvel arrangement se trouva conclu par ses soins, de la manière dont il l'avait conçu, pour l'intérêt de l'éducation religieuse, qu'il ne perdait jamais de vue dans ses combinaisons.

Et qu'on ne s'étonne pas d'avoir entendu M. Portalis s'associer tout à l'heure à la cause et au langage même de ses clients, par des « *nous* y gagnerons, *nous* ferons cause commune, *nous* prendrons les petits séminaires ». Cette façon de parler, était aussi, de sa part, une façon de penser. Un jour dans un entretien plein de grâce et d'épanchement, il disait à ce même supérieur de la maison de Paris : « A présent parlons un peu de *nos* affaires: car nous sommes tous deux jésuites, vous savez bien. Cependant je ne devrais pas l'être, puis-

(1) Décret du 3 messidor an XII.

que j'ai été élevé chez des jansénistes jusqu'à l'âge de seize ans. Mais si alors je n'étais pas l'ami des jésuites, je ne tardai guère à revenir de mes premières préventions. A vingt-quatre ans je pensais bien différemment là-dessus. Depuis cette époque je n'ai plus cessé de comprendre que le débordement des mauvaises mœurs et la décadence de la religion ne dataient pas pour rien de la ruine de votre société. »

Ainsi s'exprimait M. Portalis l'ancien, en présence d'une troisième personne, sous le gouvernement du despote le plus susceptible et le plus ombrageux. Aujourd'hui, si un ministre s'avisait d'en dire autant sous le règne des Bourbons, en faveur de la religion de l'État, les mêmes paroles feraient événement, et causeraient une surprise universelle. Ce serait une bravoure téméraire qui coûterait cher, qui suffirait pour ensevelir le plus grand homme sous les ruines de sa popularité. Par où l'on voit que l'on nous ramène à établir que la tyrannie de Bonaparte n'eut point pour les jésuites des rigueurs comparables à celles de la Charte et de l'ordre légal. Comme il est impossible qu'il y ait cette différence de sentiments entre un père et un fils qui ne sont point de deux écoles, qui réunissent au même degré l'élévation de l'esprit et la noblesse du cœur, alors c'est nécessairement en dehors d'eux qu'il faut chercher les causes d'une si grande dissemblance dans le langage et la conduite publique. Disons donc, pour bien nous entendre, que M. Portalis l'ancien représente son époque et que M. Portalis le jeune représente la sienne ; que l'un fut assez heureux pour pouvoir imprimer son beau caractère de vertu aux actes de son temps, et que c'est une nécessité de fer qui imprime le sien propre aux actes du temps de son fils. Aussi pourrait-on appliquer aujourd'hui à bien des positions ces paroles du Testament sacré : « Souvent dans les moments de trouble et d'effervescence, on n'est pas maître de soi. »

IV

RAPPORT *sur les ordonnances du* 16 *juin* 1828, *présenté par* Me BERRYER *au Conseil général de l'Association pour la défense de la religion catholique* (le jeudi 31 juillet 1828).

Le conseil général étant réuni sous la présidence de M. le duc d'Havré, un membre annonce qu'en exécution des statuts, un conseil spécial a été chargé d'examiner les questions légales relatives aux deux ordonnances du 16 juin dernier; ce conseil est composé de M. le vicomte Dambray, pair de France, M. le marquis de Dampierre, pair de France, M. Duplessis de Grénédan, député, M. Berryer fils, avocat; le conseil général entend le rapport de M. Berryer fils, et décide qu'il sera imprimé ainsi qu'il suit, pour être distribué à tous les membres de l'Association :

Messieurs,

L'*Association pour la défense de la religion catholique* a annoncé dans l'article 2 de ses statuts *qu'elle se proposait de faire discuter et traiter par un conseil spécial les questions légales qui intéressent la religion;* elle a promis de donner à ces travaux la plus grande publicité. Pour se montrer fidèles à cet engagement, les membres du *Conseil général* ont pensé qu'ils devaient, dans les circonstances présentes, former une commission chargée d'examiner les discussions élevées dans les Chambres, dans les journaux et dans un grand nombre d'écrits, depuis la publication des deux ordonnances du 16 juin dernier, *contenant diverses mesures relatives aux écoles secondaires ecclésiastiques et autres établissements d'instruction publique*, et de rechercher spécialement en quoi les dispositions de ces deux ordonnances sont conformes ou opposées aux lois du royaume. Vous trouverez, messieurs, dans le rapport que nous avons l'honneur de vous présenter, le résultat des délibérations de la commission.

Les deux ordonnances du 16 juin 1828 sont présentées par les ministres du roi comme un acte d'exécution des lois de l'État; c'est, selon eux, une mesure qui signale le retour de l'administration à *l'ordre légal*. Leur objet est d'interdire les fonctions de l'éducation publique aux membres de toute congrégation religieuse *non légalement* établie en France, et de réduire le nombre des écoles ecclésiastiques et celui des élèves qui peuvent y être admis, de manière à n'y laisser pénétrer que des enfants nécessairement consacrés au sacerdoce. L'intention du Gouvernement serait donc de s'opposer, autant qu'il en a le pouvoir, à ce que les jeunes gens, destinés à toute autre carrière, puissent être élevés dans un établissement religieux; d'où il faudrait conclure que les hommes qui sont aujourd'hui chargés de l'administration du royaume, regardent l'éducation catholique comme inutile, ou plutôt qu'ils se sont persuadés qu'on ne peut sans danger confier à la religion le soin de préparer les hommes aux travaux et aux devoirs de la société. Mais, dans cette pensée, il fallait effacer des ordonnances les articles qui laissent subsister une partie des écoles ecclésiastiques. A quoi bon, en effet, permettre à l'Église de réparer les ruines du sacerdoce? pourquoi former de nouveaux prêtres, si on les destine à vivre dans le monde, en présence d'une génération qui, dès l'enfance, aura été soigneusement soustraite à l'autorité de leurs enseignements?

A ce premier aperçu, il est permis de croire que de telles résolutions ne sont point en harmonie avec les lois du royaume très-chrétien, et il ne faut pas s'étonner d'entendre éclater de toutes parts les plaintes du clergé, la douleur des pères de familles, la consternation des hommes religieux. L'Église est offensée dans ses droits, elle est enchaînée dans la pratique de ses devoirs. Mais nous ne nous permettrons pas de réclamer en son nom; la voix des évêques s'est fait entendre, c'est à leur vigilante autorité qu'il appartient de faire respecter les règles de la foi et de la discipline ecclésiastique. Nous ne discuterons donc les actes du ministère que dans leurs rapports avec notre législation civile et politique.

Deux principes semblent avoir guidé les conseillers de la couronne : 1° la prohibition en France des congrégations religieuses non légalement établies; 2° le droit exclusif créé par les décrets impériaux en faveur de l'Université. Pour assurer l'exécution de ces lois, huit écoles ecclésiastiques, dirigées par les RR. PP. de la société de Jésus, vont être soumises au régime universitaire : toutes les personnes attachées à l'enseignement seront obligées, sous peine de destitution, d'affirmer par écrit qu'elles n'appartiennent à aucune congrégation religieuse; les enfants que leurs pères et mères voudraient confier aux écoles ecclésiastiques seront comptés et répartis dans chaque diocèse ; ces écoles enfin sont condamnées à la peine du régime de l'Université, si elles sortent des entraves qui leur sont imposées par les nouveaux règlements.

Examinons ce système dans ses deux principes : la prohibition des congrégations ecclésiastiques et le monopole universitaire.

Depuis plus de vingt-cinq ans, un cri universel s'est élevé en France pour demander que l'éducation publique fut confiée à des congrégations religieuses. Chaque année, les conseils généraux des départements expriment presque unanimement le même vœu; les amis de la religion, les serviteurs de la royauté, les défenseurs les plus ardents des formes nouvelles de notre gouvernement, des écrivains de tous les partis et de toutes les nuances d'opinion, se sont réunis pour faire sentir la nécessité de remettre entre les mains du clergé et des congrégations religieuses le soin d'élever la jeunesse; en exprimant ou le regret de la destruction des jésuites, ou le désir de leur rétablissement, tous ont parlé avec éloge de leurs travaux, de leurs succès, de leur dévouement dans les fonctions de l'éducation publique. Le gouvernement du Roi, loin de résister à cette grande expression des besoins du pays, a laissé aux évêques, pendant quatorze ans, le soin de choisir les chefs des écoles secondaires ecclésiastiques, et leur a permis de confier ces établissements à des hommes unis entre eux par les vœux religieux et la loi d'obéissance ; les jésuites rétablis par une bulle du pape Pie VII, entièrement soumis à la juridiction épiscopale et, comme les autres sujets du Roi, à toutes les lois du royaume, ont été appelés par les évêques à diriger en France huit petits séminaires ; les pères de famille, que leur tendresse rend si vigilants et si judicieux dans le choix des maîtres, ont livré leurs enfants avec empressement à ces guides fidèles ; le nombre de leurs élèves s'est prodigieusement accrû, et voilà que, malgré ces témoignages éclatants de la confiance publique, on déclare tous les membres des congrégations religieuses entachés d'incapacité ou d'inaptitude pour les travaux de l'enseignement ; on invoque à la fois et les lois anciennes et les lois nouvelles pour justifier cette étrange décision.

Nous nous écarterions du plan que nous nous sommes tracé, si nous remontions aux causes des édits de 1764 et 1777. Il serait facile sans doute de démontrer que ces actes furent une calamité publique, et préparèrent en France les grandes catastrophes qui ont porté de si funestes coups à la religion et à la royauté; mais la seule question que nous devons examiner est celle de savoir si ces édits ont encore force de loi dans le royaume. Ceux qui prétendent faire revivre leur autorité n'ont guère réfléchi sur les changements opérés en France depuis 1789; ils oublient et la différence des temps et les modifications introduites dans nos lois civiles et politiques. Quelles clameurs s'élèveraient de toutes parts si on remettait ainsi en lumière tant de décisions diverses de l'autorité publique rendues avant la révolution contre des communautés, des particuliers, des doctrines, des écrits? On essaie d'invoquer comme loi du royaume l'édit du mois de mai 1777, parce qu'on y lit, article 6 : « Que les jésuites ne pourront exercer les fonctions de supérieurs de séminaires, de régents dans les colléges, ni autres relatives à l'éducation publique. » Mais obéira-t-on avec un égal respect à l'article 10 de ce même édit ainsi conçu : « Faisons expresses inhibitions et défenses à tous nos sujets d'écrire ou de faire imprimer ou débiter aucun ouvrage concernant la suppression de la Société de Jésus, imposant un silence absolu sur tout ce qui peut concerner ladite société? ».

Ce seul rapprochement suffit pour faire sentir ce qu'il y a d'inconséquent et de faux dans la prétention de remettre en vigueur les anciennes décisions royales sur des matières particulières qui intéressent l'ordre religieux ou l'ordre politique. De nouvelles maximes règlent en France tous les droits, de nouveaux rapports sont établis entre la religion et l'État. La liberté de conscience, l'égalité de protection accordée à divers cultes, la libre publication des opinions et des doctrines, l'uniforme autorité des lois de police intérieure, l'abolition des priviléges personnels, l'égalité d'aptitude politique pour tous les emplois, toute notre législation enfin repousse cette alliance bizarre, entre les choses présentes et les lois d'un temps qui n'est plus.

C'est donc dans les termes de la législation postérieure à 1789, qu'il faut juger l'ordonnance du 16 juin 1828, qui déclare les membres des congrégations religieuses, incapables ou indignes des fonctions de l'instruction publique.

Lorsque par son décret du 19 février 1790, l'Assemblée nationale décida que *la loi constitutionnelle du royaume ne reconnaîtrait plus de vœux monastiques et qu'en conséquence les ordres et congrégations dans lesquels on fait de pareils vœux seraient et demeureraient supprimés en France;* loin de prononcer, contre les membres de ces congrégations qui cessaient d'être *légalement établies*, l'espèce d'incapacité civile dont on les flétrit aujourd'hui, elle ajouta, article 2 : *Déclarons au surplus qu'il ne sera rien changé, quant à présent, à l'égard des maisons chargées de l'instruction publique.*

Ce n'est point à l'Assemblée nationale qu'il était réservé de donner des lois à la France sur cette grave matière. Cependant, dans les séances des 10 et 11 septembre 1791, M. de Talleyrand, dans le rapport célèbre qu'il fit au nom du comité de constitution, posa les nouveaux principes qui devaient régir l'instruction publique : « *Si chacun*, dit-il, a le droit de recevoir les bienfaits de l'instruction, *chacun a réciproquement le droit de concourir à les répandre;* car c'est du concours et de la rivalité des efforts individuels que naîtra toujours le plus grand bien. La confiance doit seule déterminer le choix pour les fonctions instructives; mais tous les talents sont appelés de droit à disputer ce prix de l'estime publique : tout privilége est par sa nature odieux; *un privilége en matière d'instruction serait plus odieux et plus absurde encore.* » L'Assemblée constituante allait se séparer; elle ne délibéra point sur le projet de loi présenté par M. de Talleyrand; l'assemblée législative qui marcha si tumultueusement et si rapidement vers le jour où fut proclamé l'abolition de la royauté, ne s'arrêta point à faire des lois sur l'instruction publique; cependant elle avait décrété, le 28 octobre 1791, *que les professeurs des colléges occupés par des congrégations ecclésiastiques, seraient provisoirement maintenus dans leurs fonctions.* Ainsi pendant les premières années de la révolution, nos assemblées politiques, malgré leur haine spéciale pour les établissements catholiques, n'avaient point encore imaginé de déclarer les religieux incapables ou indignes des travaux de l'enseignement. Mais Condorcet ayant été chargé, au mois d'avril 1792, de faire un rapport sur l'organisation générale de l'instruction publique, de nouvelles maximes furent adoptées, et, ce qui était encore sans exemple chez les nations civilisées, au sein même des peuplades sauvages, le nom de Dieu fut banni de la société, on déclara qu'il *était rigoureusement nécessaire de séparer de la morale les principes de toute religion particulière et de n'admettre dans l'instruction publique l'enseignement d'aucun culte religieux.*

C'est alors, c'est sous l'influence de ces doctrines monstrueuses, que l'assemblée rendit le décret du 18 août 1792 : « Aucune partie de l'instruction public, y est-il dit, ne continuera d'être confiée aux maisons de charité, non plus qu'à aucune des ci-devant congrégations d'hommes ou de filles séculières ou régulières. » Il faut donc remonter aux jours qui ont suivi la fatale époque du 10 août, jours durant lesquels l'athéisme national fut proclamé, pour trouver dans les lois le principe remis en vigueur par l'ordonnance du 16 juin 1828.

Nous devrions nous abstenir de consulter les annales de la Convention ; il est trop aisé de trouver dans son horrible code des lois qui consacrent toutes les injustices ; elle n'a négligé aucun genre de persécution, et chacun de ses actes est un monument de folie ou de fureur ; nous ne pouvons cependant pas oublier le plan d'éducation nationale dressé par Michel Lepelletier et présenté par Robespierre : on y demandait *que quiconque refusera ses enfants à l'institution commune, soit privé de ses droits de citoyen pendant tout le temps qu'il se sera soustrait à remplir ce devoir civique.*

Pour qui voudra observer la marche des temps et le mouvement des opinions, il est impossible de ne pas reconnaître dans cette proposition, les principes et l'origine du système de l'Université impériale.

Cependant les décrets de la Convention sur l'instruction publique ne conservèrent qu'une autorité du moment. A côté des établissements nationaux redoutés par les familles françaises, il se formait un grand nombre d'institutions particulières; plusieurs étaient dirigées par des ecclésiastiques, par des membres d'anciennes congrégations religieuses. Aucune interdiction ne fut reproduite contre eux; la loi du 11 floréal an X déclara au contraire en termes généraux *que toute école tenue par des particuliers, dans lesquelles on enseignera les langues latine et française, sera considérée comme école secondaire.*

C'est en vertu de cette loi que, par arrêtés des consuls du mois de frimaire an XI, furent érigées en écoles secondaires diverses maisons d'éducation dirigées par des membres de congrégations religieuses, telles que la maison de Juilly, où les Oratoriens s'étaient réunis en grand nombre, le collége de Vendôme, le collége de Riom, le collége des Jésuites à Worms et beaucoup d'autres.

Tous ces établissements se perpétuèrent sous le régime de l'Université; le décret du 9 avril 1809 contient même à leur égard une disposition remarquable:

« Le grand maître de notre Université impériale, et son conseil accorderont un intérêt spécial aux écoles secondaires, que les départements, les villes, les évêques ou les particuliers voudront établir, pour être consacrées spécialement aux élèves qui se destinent à l'état ecclésiastique. »

Enfin, en recherchant dans les lois de l'empire les actes qui peuvent avoir quelque rapport avec la question qui nous occupe, on doit remarquer le décret du 3 janvier 1812, ainsi conçu : « Art. 1er. Les corporations de religieux et religieuses, et ordres monastiques, dotés ou mendiants, existant dans les départements réunis en vertu des décrets des 24 avril, 15 mai, 9 juillet, 12 novembre et 13 décembre 1810, sont et demeurent supprimés. »

« Art. 2. Ne sont point compris dans le présent décret... les congrégations dont les individus sont uniquement consacrés par leur institution au service de l'instruction publique. »

En résumé, le gouvernement impérial, le gouvernement consulaire, l'assemblée constituante n'ont laissé aucun acte législatif qui exclut les membres de congrégations religieuses des fonctions de l'enseignement public; c'est dans les archives de la Convention qu'on a pu découvrir les principes constitutifs de l'ordre légal, avec lequel on met en harmonie des ordonnances publiées au nom du Roi.

Mais quoi! parce qu'au temps de nos malheurs publics, aux époques les plus violentes de la Révolution, ou durant le règne d'un despote ombrageux, les membres des congrégations religieuses auraient été persécutés et privés des libertés que tout Français a droit de réclamer, est-il permis de dire qu'ils sont demeurés sous la même oppression depuis que la royauté a reconquis sa force de protection et de justice? N'est-il pas évident, au contraire, que les lois de circonstance, les lois d'exception, ont cessé d'avoir leur effet en France, au jour où, l'ordre se rétablissant, les principes de paix et de liberté sont devenus la base et la règle des droits de tous les sujets du Roi? l'article 68 de la charte ne proclame-t-il pas l'abrogation de tous les actes des gouvernements antérieurs, contraires aux dispositions fondamentales?

Il nous reste donc à examiner s'il est vrai que, sous l'empire de la charte royale, l'affiliation à une congrégation approuvée par le chef de l'Église, consacrée par la religion de l'État, puisse être la cause légitime d'une incapacité civile quelconque, telle que l'exclusion des fonctions de l'instruction publique.

De vives discussions se sont élevées depuis quelques années sur le sens de ces mots : *la Religion de l'État*. Les expressions les plus claires, les idées les plus simples sont aisément obscurcies et embarrassées, lorsqu'on écoute ou le sophisme, ou la mauvaise foi, ou la peur. La lutte des interprétations et des objections est d'ailleurs facile au milieu de cette multitude de lois qui nous régissent et où sont encore confondus les principes du gouvernement révolutionnaire, de l'empire et de la monarchie; de nos jours il n'arrive guère que dans les questions controversées, il soit possible de prendre pour base une maxime unanimement reconnue; peut-être serait-il donc inutile de déterminer le sens de la loi politique qui déclare que la religion catholique est la religion de l'État. Mais quelle que soit l'interprétation que l'on veuille adopter, soit que l'on pense que le royaume de France est un pays catholique où l'État, c'est-à-dire l'ordre politique, les lois, les règlements sont où doivent être en harmonie avec la religion catholique; soit qu'on estime que l'État n'a point de religion propre, qu'il tolère également tous les cultes sans en professer aucun, *que la loi est et doit être athée;* dans l'une et l'autre hypothèse, l'État doit respecter les engagements religieux contractés dans un culte légalement admis, comme il doit respecter la conscience et la pensée. Qu'on ne nous accuse pas de poser en faveur du Catholicisme un principe dont les conséquences pourraient inquiéter la liberté promise à tous les cultes. Nous ne demandons pas que l'État conforme ses lois à celles de l'Église, qu'il prescrive tout ce que l'Église prescrit, qu'il défende tout ce que l'Église défend. Mais le Gouvernement qui assure à la Religion catholique une protection égale à celle qu'il accorde aux autres cultes, ne peut pas, sans trahir cette protection, sans blesser la liberté, défendre ce que l'Église ordonne, et punir d'avoir obéi à ses lois. L'État laissera donc aux sujets la faculté de suivre ou de ne pas suivre les préceptes de la religion; il n'exigera pas d'eux qu'ils s'y soumettent, mais il ne châtiera pas ceux qui les auront pratiquées; et, pour rendre ces vérités plus sensibles par des exemples, si l'on suppose une société civile, entièrement séparée de la société religieuse, on comprend que les lois de cet État pourraient autoriser le divorce, mais elles ne pourraient l'ordonner, elles ne pourraient contraindre le catholique à rompre des liens sacrés pour sa conscience. Jamais on n'a demandé à la puissance politique de prescrire, comme l'Église, ou le jeûne, ou la confession, ou la fréquentation des sacrements; mais que serait la liberté religieuse, si celui qui remplit ces devoirs pouvait encourir une peine prononcée par la loi civile?

La religion catholique invite les hommes à fuir le monde et ses œuvres, à garder le célibat, à se vouer au culte de Dieu; la profession religieuse est recommandée par l'Évangile, par les apôtres, par l'Église, c'est un état de perfection chrétienne; si ce n'est un précepte de notre religion, c'est un conseil qu'elle nous donne; le catholique ne jouira donc pas du libre exercice de son culte, s'il ne peut se livrer à la vie religieuse et il ne le peut, si l'autorité civile le frappe d'incapacité et l'exclut de la loi commune. L'engagement dans la profession religieuse est désormais un engagement purement intérieur qui n'oblige que la conscience, et dont l'homme ne peut être comptable qu'envers Dieu; ou les libertés publiques ne sont qu'un vain mot, ou les catholiques doivent conserver en France la faculté de s'assujettir aux pratiques, aux exercices que la religion leur conseille, en embrassant la vie religieuse.

Ceux que la piété, l'amour du bien, le malheur ou le repentir consacrent à cette vie sévère, peuvent habiter ensemble, prier ensemble, sans que les prohibitions de l'article 291 du Code pénal leur soient applicables; l'administration civile pourra leur interdire de se montrer hors de leur retraite dans un costume particulier, et de pratiquer des cérémonies extérieures, mais ils ne doivent pas être inquiétés par elle et mis en dehors du droit commun, tant qu'ils ne troublent point l'ordre public, tant qu'ils ne violent pas les règles de la police de l'État.

Ces réflexions feront sans doute comprendre ce que peut être, en ces matières, *l'autorisation légale.*

La religion catholique étant admise en France par loi de l'État, si l'État est catholique, il doit permettre légalement tout ce que cette Religion commande; s'il est athée, il doit respecter la liberté promise à ceux qui la pratiquent; l'engagement dans les ordres religieux sera donc libre, il sera autorisé, mais il ne le sera que dans l'ordre religieux; il n'en résultera aucun lien, aucun engagement dans l'ordre civil. Il en était autrement lorsque la profession religieuse, étant consacrée par la loi civile elle-même, cette loi veillait à l'exécution des engagements contractés. Il naissait de cet ordre de choses deux sortes d'obligations de garder ses vœux : obligation envers l'Église, obligation envers l'État. La première est la seule qui subsiste aujourd'hui ; et comme le religieux ne reçoit aucune protection particulière de l'autorité civile, comme il n'a point de devoirs spéciaux à remplir envers elle, l'autorité n'a point de droit, ni de devoirs particuliers à exercer sur lui. Si, dans un tel ordre de choses, on consulte les lois politiques, où il est écrit que l'État ne reconnaît pas l'engagement religieux, cela veut dire qu'il ne voit dans la personne qui a fait des vœux solennels qu'une personne libre et semblable en tout aux autres habitants du territoire; mais il n'en résulte point que l'État interdise à ses membres la liberté de former un engagement de conscience, et de se soumettre aux pratiques de la vie religieuse. Si, au contraire, il est dit que la loi reconnaît telle ou telle congrégation, cela signifie que l'État a donné à cette congrégation une existence légale et politique, que ceux qui en sont membres forment entre eux une association, un corps, une personne civile, qu'ils peuvent posséder et acquérir comme communauté.

Désormais donc, il doit être bien entendu que l'engagement dans une congrégation formée au sein de l'Église catholique et sous l'autorité de son chef et de ses pasteurs, est un engagement licite dans un pays où le libre exercice de cette religion est assuré. Il n'en résulte pas qu'un tel engagement soit valable et obligatoire aux yeux de la loi civile, ceux qui le contractent ne forment point un corps de communauté dans l'État, ils ne peuvent point y vivre, traiter, acquérir, disposer ou recevoir comme un seul homme, comme un être collectif, comme une société consacrée par les lois ; l'autorisation légale et spéciale donne seule cette existence civile. Mais les hommes engagés religieusement dans une semblable congrégation, ne se rendent point coupables envers l'État par le seul fait de leur engagement, et, dès lors, il est injuste de leur imposer une peine ou de les flétrir d'une réprobation quelconque.

Les lois sous l'empire desquelles nous vivons, ne prononçant point de prohibition contre l'engagement religieux, l'esprit de ces lois étant, au contraire, un esprit de tolérance et de liberté, c'est par une violation manifeste de tous les droits qu'on ravirait aux membres des congrégations religieuses la capacité, commune aux hommes de toutes les religions, de remplir les importantes fonctions de l'instruction publique.

Le caractère illégal des ordonnances est plus manifeste encore dans la disposition qui, pour parvenir à opérer cette injuste exclusion, impose aux personnes attachées à l'Université ou soumises à son régime, l'obligation d'affirmer, par écrit, qu'elles n'appartiennent à aucune congrégation religieuse. Étrange et nouvel excès d'un pouvoir inquiet qui prétend pénétrer la conscience de l'homme et le contraindre à révéler ses engagements envers Dieu ! Rien de pareil ne s'était vu en France depuis qu'en présence de l'échafaud, la Révolution voulait faire jurer aux prêtres la constitution civile du clergé; et, il le faut avouer, la Révolution était moins inconséquente, car elle ne séparait point l'Église de l'État ; elle prétendait régler la religion ; sa constitution était un établissement civil, une organisation de l'Église dans l'ordre civil ; le gouvernement civil pouvait donc, sans cesser d'être violent, mais du moins sans être absurde, exiger de ceux qui faisaient partie du clergé l'obéissance aux lois qu'il avait faites pour le clergé. Mais comment comprendre que dans un État où la loi fondamentale pose une barrière entre les choses spirituelles et les choses temporelles, dans un État où tous les cultes sont également admis, toutes les opinions libres, la loi civile étende son autorité sur un engagement qu'elle méconnaît, qui n'émane point de sa puissance, qui n'est point contracté envers elle, et qui ne saurait être soumis à ses commandements parce qu'elle a seulement promis de le tolérer, en promettant le libre exercice de la Religion?

Si les droits sacrés de cette Religion, si nos droits comme Français, sont en ce moment méconnus à ce point, souhaitons que nos réclamations, exemptes de passion et de haine, s'élèvent jusqu'aux pieds du Roi très-chrétien ; il connaîtra la vérité, il saura quelle erreur égare les conseillers de sa puissance, et d'injustes rigueurs seront bientôt effacées.

Nous avons démontré que les ordonnances du 16 juin dernier sont illégales dans les mesures qu'elles renferment contre des personnes engagées dans des congrégations religieuses ; il n'est pas moins évident que les auteurs de ces ordonnances commettent au moins une grave erreur, s'ils prétendent faire exécuter les lois du royaume, en réformant les écoles ecclésiastiques au profit de priviléges attribués à l'Université.

Déjà de pieux prélats, d'honorables membres de la Chambre des députés, des écrivains éclairés ont signalé les funestes effets des nouveaux règlements imposés à ces écoles. Nous ne nous proposons point de redire ici tout ce qu'ils renferment de contraire aux besoins du clergé, à la sainte liberté des vocations, aux droits des familles, aux avantages que promettait une éducation qui réunissait à la Religion et à l'État, dès le premier âge, et les hommes dont la vie est livrée aux agitations et aux intérêts du monde, et ceux qui, voués au saint ministère, devront leur rappeler les commandements de la loi divine et les intérêts du ciel.

La question qui nous doit occuper est celle de savoir si le privilége réclamé en faveur de l'Université, au préjudice des écoles ecclésiastiques, est en effet établi par des lois qui fixent impérieusement les conditions de l'enseignement.

Nous avons suffisamment rappelé plus haut les bizarres essais qui furent tentés pendant le cours de la Révolution pour régler l'éducation publique. Dans des jours moins funestes parut la loi du 10 mai 1806 ;

elle était ainsi conçue : « Art. 1er. — L'organisation du corps enseignant sera présentée en forme de loi au Corps Législatif à sa session de 1810. »

Cette loi d'organisation ne fut point présentée au Corps Législatif; mais parurent successivement, et le décret impérial du 17 mars 1806, qui confie *exclusivement* à l'Université l'enseignement dans tout l'empire, et celui du 9 avril 1809, dont nous avons déjà cité l'article 4, relatif aux écoles consacrées plus spécialement aux élèves qui se destinent à l'état ecclésiastique.

Ainsi les actes mêmes par lesquels l'Université fut fondée, malgré le droit exclusif qu'ils lui attribuent, consacrent l'existence légale des écoles préparatoires pour les séminaires.

Le régime universitaire fut définitivement réglé par un troisième décret du 15 novembre 1811. Le titre 4 plaçait les écoles ecclésiastiques sous le gouvernement de l'Université. Il y est dit qu'il n'y aura qu'une seule école secondaire ecclésiastique par département; toutefois le nombre des élèves qui pourront y être admis n'est point limité.

Ce système de concentration qui livrait l'éducation publique aux volontés du chef de l'Etat, était en harmonie avec les principes absolus de son gouvernement; mais aux premiers jours de la Restauration, les esprits éclairés reconnurent combien il était contraire à la nature et aux intentions de l'autorité royale. Dès le 8 avril 1814, parut un arrêté du gouvernement provisoire, signé de MM. de Talleyrand, Dalberg, Jaucourt, etc... où se trouvent ces paroles remarquables sous plus d'un rapport : « Considérant que le système de diriger exclusivement vers l'Etat et l'esprit militaire les hommes, leur inclination et leurs talents, a porté le dernier gouvernement à soustraire un grand nombre d'enfants à l'autorité paternelle ou à celle de leur famille, pour les faire entrer et élever, suivant ses vues particulières, dans des établissements publics, que rien n'est plus attentatoire aux droits de la puissance paternelle, et que, d'un autre côté cette mesure vexatoire s'oppose directement au développement des différents genres de génie, de talents et d'esprit, que donne la nature et dont l'ensemble varié forme la richesse morale publique; qu'enfin la prolongation *d'un pareil désordre* serait une véritable contradiction avec les principes d'un gouvernement libre; arrête que les formes et la direction de l'éducation des enfants seront rendues à l'autorité des pères et mères, etc. »

Cependant, le 22 juin 1814, le Roi rendit une ordonnance ainsi conçue : « Nous étant fait rendre compte des lois et règlements sur l'instruction publique dans notre royaume, et voulant prévenir tout relâchement et toute interruption dans l'éducation de la jeunesse, objet si important pour nos sujets, nous avons ordonné et ordonnons ce qui suit :

« Art. 1er. Jusqu'à ce qu'il ait pu être apporté à l'ordre actuel de l'éducation publique les modifications qui seront jugées utiles, l'Université de France observera les règlements actuellement en vigueur.

« Art. 2. Les membres de l'Université, les instituteurs, les maîtres de pension et tous autres se conformeront à ces règlements, chacun en ce qui le concerne. »

Les règlements de l'Université, établis par des décrets, à défaut de la loi qui avait été promise en 1806, furent donc provisoirement maintenus par l'ordonnance de Sa Majesté. C'est en cet état qu'a été publiée l'ordonnance du 5 octobre 1814, qui *autorise les archevêques et évêques du royaume à avoir dans chaque département une école ecclésiastique, dont ils nommeront les chefs et les instituteurs, et où ils feront élever et instruire dans les lettres des jeunes gens destinés à entrer dans les grands séminaires.*

Il y est dit que les élèves *seront exempts de la rétribution due à l'Université*, que ceux *qui auront terminé leurs cours d'études pourront se présenter à l'examen de l'Université pour obtenir le grade de bachelier ès-lettres ;* qu'il ne pourra être érigé, dans un département, une seconde école ecclésiastique qu'en vertu d'une autorisation royale. Enfin l'article 8 est ainsi conçu : « Il n'est, au surplus, en rien dérogé à notre ordonnance du 22 juin dernier, qui maintient *provisoirement* les décrets et règlements relatifs à l'Université.

« *Sont seulement rapportés tous les articles desdits décrets et règlements contraires à la présente ordonnance.* »

Ainsi le Roi, préparant dans sa sagesse les règlements nouveaux de l'instruction publique, veilla d'abord à l'organisation des écoles ecclésiastiques; bientôt il s'occupa plus particulièrement de la réforme de l'Université. Les volontés bienfaisantes de Sa Majesté sont consignées dans le préambule de l'ordonnance du 17 février 1815 :

« Nous étant fait rendre compte de l'état de l'instruction publique dans notre royaume, nous avons reconnu qu'elle reposait sur des institutions destinées à servir les vues politiques du gouvernement dont elles furent l'ouvrage, plutôt qu'à répandre sur nos sujets les bienfaits d'une éducation morale et conforme aux besoins du siècle...; nous avons senti la nécessité de corriger ces institutions et de rappeler l'éducation nationale à son véritable objet, qui est de propager les bonnes doctrines, de maintenir les bonnes mœurs et de former des hommes qui, par leurs lumières et leurs vertus, puissent rendre à la société les utiles leçons et les sages exemples qu'ils ont reçus de leurs maîtres.

« *Nous avons mûrement examiné ces institutions que nous nous proposons de réformer, et il nous a paru que le régime d'une autorité unique et absolue était incompatible avec nos intentions paternelles et avec l'esprit libéral de notre gouvernement ;*

« Enfin que la taxe du vingtième des frais d'études levée sur tous les élèves des lycées, colléges et pensions, et appliquée à des dépenses dont ceux qui la payent ne retirent pas un avantage immédiat, contrariait notre désir de favoriser les bonnes études et de répandre le bienfait de l'instruction dans toutes les classes de nos sujets...

« A ces causes, etc. »

Cette ordonnance, entre autres dispositions, créait une université dans chaque académie, supprimait la taxe universitaire, la remplaçait en affectant aux mêmes dépenses un million pris sur la liste civile, et maintenait par l'article 45 l'exécution de l'ordonnance du 5 octobre 1814.

Les déplorables événements qui éclatèrent dans les premiers mois de 1815 ne permirent pas que la France profitât de l'ordonnance du 17 février, elle fut révoquée en ces termes sous le ministère de M. Pasquier, le 15 août de la même année :

« Notre ordonnance du 17 février dernier n'ayant pu être mise à exécution, et les difficultés des temps ne permettant pas qu'il soit pourvu aux dépenses de l'instruction publique ainsi qu'il avait été statué par notre ordonnance susdite ;

« Voulant surseoir à toute innovation importante dans le régime de l'instruction, jusqu'au moment où des circonstances plus heureuses que nous espérons n'être pas éloignées, nous permettront d'établir, par une loi, les bases d'un système définitif ;

« Nous avons ordonné, etc.

« L'organisation des académies est provisoirement maintenue. »

Les choses sont demeurées en cet état jusqu'en 1815. L'ordonnance du 5 octobre 1814 a continué de recevoir son exécution ; les écoles ecclésiastiques ont été fondées dans tous les diocèses en vertu d'autorisations spéciales du Roi ; des arrêts du conseil ont, en grand nombre et sous tous les ministères, ratifié les donations entre-vifs ou testamentaires, faites par des particuliers au profit de ces établissements.

Les ordonnances des 5 juillet et 1er novembre 1820, en modifiant l'administration supérieure de l'Université, ne furent faites que dans la vue de préparer son organisation définitive ; enfin l'ordonnance du 27 février 1821 présenta quelques réformes, mais elle ne renferme aucune disposition relative soit au droit exclusif de l'enseignement, soit aux écoles ecclésiastiques.

Tels sont les actes de l'autorité souveraine qui ont réglé en France la direction de l'instruction publique. Nous nous sommes abstenus de toute réflexion dans le cours de cet exposé, nous bornant à citer toutes les dispositions qui ont quelque rapport avec les motifs de l'ordonnance du 16 juin dernier. Qu'ajouter à l'autorité et à la sagesse du préambule de l'ordonnance du 17 février 1815 ? Il est impossible de démontrer avec plus de force et de vérité ce que le système exclusif de l'Université a de contraire aux droits sacrés de l'autorité paternelle et aux maximes de liberté de nos lois politiques. Mais, sans nous arrêter à ces hautes considérations, nous pensons qu'il résulte manifestement de ce qui vient d'être dit qu'il n'existe point de loi qui ait constitué l'Université, que son existence et celle des petits séminaires émanent de la même autorité, s'exerçant dans la même forme et par des actes de même nature; que les règlements universitaires n'ont été maintenus qu'en ce qui n'était point contraire à l'établissement des écoles ecclésiastiques; que loin d'être favorisé, ce privilége exclusif de l'éducation n'a été considéré que comme une anomalie funeste qu'on promettait de faire bientôt cesser; qu'enfin, ce qui est bien digne de remarque, l'exécution actuelle des règlements de l'Université n'est qu'une exécution provisoire, tandis qu'au contraire, l'organisation des écoles ecclésiastiques était définitivement réglée par le Roi.

Nous chercherions donc vainement quelles lois ont été violées par les évêques dans l'établissement de leurs petits séminaires; quelles lois s'opposaient à ce que les pères de famille donnassent la préférence à ces pieuses maisons pour l'éducation de leurs enfants; quelles lois ont limité le nombre des élèves qui pourraient être admis dans ces établissements que les autorisations spéciales du Roi avaient confiés à la surveillance immédiate de l'épiscopat; quelles lois enfin imposaient aux ministres le triste devoir de condamner 30,000 de ces jeunes gens à subir le régime et les taxes universitaires.

L'ordre légal ne réclamait point ces formes désastreuses; l'autorité des lois n'est évidemment qu'un prétexte imaginaire! Nous ne croyons pas que l'état présent de l'enseignement religieux, des mœurs et de la discipline, dans les colléges de l'Université, ait pu exciter vivement en leur faveur le zèle des auteurs des deux ordonnances. Quels sont donc les motifs impérieux qui ont à ce point violenté leur conscience? Nous ne voudrions pas les accuser d'avoir écouté timidement les clameurs des ennemis de la religion et de la royauté; mais pourquoi sont-ils restés sourds aux plaintes et aux reproches que les hommes religieux et les sujets fidèles élèvent depuis quatorze ans contre le régime intérieur des maisons soumises à l'Université?

« D'un bout du royaume à l'autre, a dit M. de Châteaubriand (1), les pères de famille réclament et les apologistes de l'Université *provisoire* n'étoufferont pas les plaintes des pères de famille. Il n'y a pas un moment à perdre, on ne peut suspendre notre existence comme on ajourne l'éducation : notre vie n'est à la vérité que provisoire, mais c'est en attendant l'éternité. Les générations qui comptaient douze, treize, quatorze ou quinze ans au commencement de la Restauration, en comptent aujourd'hui 17, 18, 19, 20 et 21. Qu'a-t-on fait pour attacher ces générations à la religion, au Roi légitime, au gouvernement monarchique? Déjà la Restauration a vu entrer dans le monde quinze cent mille jeunes gens français. Que

(1) *Conservateur*, T. IV, p. 80.

sont-ils ces jeunes hommes qui vont nous remplacer sur la scène du monde, occuper les tribunaux, les corps politiques, les places de l'administration et de l'armée? Croient-ils en Dieu? Reconnaissent-ils le Roi? Obéissent-ils à leurs pères? Ne sont-ils point anti-chrétiens dans un Etat chrétien, républicains dans la monarchie, désireux de révolution et de guerre dans un pays qui ne peut se sauver que par la paix? Les ministres se sont-ils jamais fait ces questions?... »

C'est en 1819 que le noble pair interrogeait ainsi les dépositaires du pouvoir. Que leurs successeurs lui répondent aujourd'hui; diront-ils que c'est par la destruction des établissements religieux qu'ils se proposent d'assurer les destinées de la monarchie?

V

LES JESUITES PROTÉGÉS PAR LA LOI (1)

C'est une maxime de notre droit public, que la vie privée des citoyens est hors du domaine de la loi civile; que chacun est libre de faire chez soi, dans son intérieur, ce qui convient à ses goûts, pourvu que l'ordre public n'en soit pas troublé. M. Royer Collard reconnaissait l'existence de ce droit lorsqu'il disait que la vie privée des citoyens *était murée.* D'après cette maxime, on ne doit ni rechercher, ni poursuivre, ni arrêter qui que ce soit pour les actes qu'il fait paisiblement dans sa maison, sans inquiéter ses voisins, sans menacer la vie, les biens, l'honneur, la liberté de ses concitoyens, ni la tranquillité de l'Etat. Et si à l'occasion de pareils actes on venait à l'expulser de son domicile, à le priver de son emploi, dès ce moment la persécution remplacerait la tolérance, et la tyrannie opprimerait la liberté. Alors les citoyens se trouveraient placés sous le régime d'une hideuse inquisition exercée sur des actes dont la loi ne connaît point et ne saurait connaître; et le gouvernement qui

(1) *Les Jésuites en présence des deux Chambres* (par Mgr Tarin, évêque de Strasbourg). Paris, Dentu, 1828, chapitre second.

se prêterait à de pareilles vexations deviendrait l'objet de l'indignation et de la haine; on ne cesserait de lui reprocher qu'il viole les maximes de notre droit public, qu'il outrage la liberté des Français. Et en effet, que diriez-vous, messieurs les libéraux, si un simple commis était chassé des bureaux d'un ministère, pour avoir observé dans son intérieur certaines pratiques recommandées par le Talmud ? De quelle philosophique indignation ne seriez-vous pas transportés, si un employé des douanes ou des postes, des contributions directes ou indirectes, se trouvait rudement jeté à la réforme, parce qu'une ombrageuse administration aurait acquis la certitude que, dans sa vie privée, il se conforme au Coran, priant comme les musulmans, observant le jeûne du ramadan, honorant enfin d'un culte particulier le prophète de la Mecque ? N'est-il pas vrai que vous n'auriez ni assez de journaux, ni assez de pamphlets, ni assez de voix libérales, pour crier à l'intolérance, à la tyrannie, et pour faire résonner un terrible haro sur le ministre coupable d'une telle indignité ? Eh ! de grâce, soyez conséquents ; ne pensez plus à expulser les Jésuites des petits séminaires, ou bien vous abjurez vos principes sur l'indépendance de la vie privée ; car les actions extérieures et publiques des Jésuites sont celles de tout autre prêtre français. Ils prêchent, ils entendent les confessions des fidèles, ils administrent les sacrements aux mourants, ils font une classe de littérature française ou un cours de langue latine, comme les membres du clergé séculier employés soit dans les paroisses, soit dans l'instruction publique. Aucune des fonctions qu'ils remplissent ne peut être exercée par l'un d'eux, sans l'agrément de l'évêque diocésain; c'est à lui qu'ils obéissent dans tous les actes de leur vie publique. Et, comme nous l'avons dit plus haut, les ordres de leurs supérieurs particuliers qui s'y rapporteraient, ne pourraient recevoir leur exécution qu'avec le consentement des ordinaires des lieux. Ceux-ci ont le droit de les renvoyer des petits séminaires, comme il a dépendu d'eux de leur en confier la direction. Ainsi du côté de leur vie publique, ils sont inattaquables.

Diriez-vous qu'ils font des vœux perpétuels interdits par la loi? Mais ces vœux se font sans solennité, dans l'intérieur d'une maison, et sont des actes de cette vie privée que les lois ne peut atteindre. Les jugerez-vous punissables parce qu'ils observent les constitutions de saint Ignace? Mais c'est dans un oratoire privé, ou dans le secret de leurs cellules qu'ils se livrent à ces pieuses observances. Ainsi elles sont encore de ces actes de cette vie domestique et privée qui est placée hors du domaine de la loi. Leur ferez-vous un crime de correspondre avec des supérieurs étrangers? Mais puisqu'ils demeurent soumis aux évêques et aux lois du royaume pour ce qui concerne leur vie publique, ils ne correspondent avec des supérieurs étrangers, que pour des affaires de conscience que la loi ne peut régler. Il est d'ailleurs permis à tout le monde de correspondre avec quelque étranger que ce soit; et puis, enfin, s'asseoir à son bureau dans sa chambre pour écrire une lettre, y mettre telle adresse qu'on juge convenable, et la faire jeter ensuite à la poste; ne sont-ce pas des actes de la vie privée entièrement indépendants de la loi? Enfin leur reprocherez-vous de vivre plusieurs en société et de former ainsi une véritable association, sans avoir obtenu l'autorisation du gouvernement? Mais il est permis non-seulement à vingt, à trente, à cinquante, à cent personnes d'habiter dans la même maison; et quand elles y sont une fois réunies, il leur est entièrement libre d'y faire ce qu'elles veulent, pourvu qu'elles ne troublent point l'ordre public. Et de même qu'elles peuvent y jouer ensemble, se divertir, faire de la musique, il dépend aussi de leur volonté de prier en commun, d'avoir de pieux entretiens et de prendre leur nourriture dans un même réfectoire. Voilà encore des actes de la vie privée qui sont du domaine de la liberté, et que la loi ne pourrait prohiber sans tyrannie.

Ainsi, tout ce qui constitue un jésuite et le sépare de la foule des chrétiens ou des ecclésiastiques séculiers, c'est-à-dire ses vœux, ses observances, sa société habituelle, appartient à la vie domestique, et sous le régime actuel, demeure dans une dépendance absolue de la loi. Sans doute que si, dans les maisons où ils habitent, les jésuites formaient des conspirations contre l'Etat, contre la sûreté générale, ils se mettraient dans le cas d'être cités devant les tribunaux, d'être interrogés et punis selon les lois. Mais ce n'est pas là que se trament de noirs et sinistres complots contre le trône et la tranquillité publique. Leurs ennemis ont des reproches opposés à leur faire, et si sous ce rapport ils donnaient prise à la censure, à une condamnation juridique, on peut facilement croire qu'ils n'auraient pas été épargnés. Loin de mériter une telle condamnation, ils se rendent dignes de la reconnaissance du gouvernement, en formant au roi des sujets dévoués, aux familles des enfants studieux et soumis, et à l'Etat des citoyens vertueux.

De cette discussion il résulte clairement que les Jésuites ne pourraient être expulsés des petits séminaires, ni leur société être dissoute, sans qu'il fût porté une atteinte funeste à cette liberté dont jouissent tous les citoyens français dans les actes de leur vie privée; que leur association, loin d'être en opposition avec nos lois, se trouve protégée par une de nos maximes de droit public les plus constantes; que si pour la dissoudre on prétendait leur imposer des conditions dures et gênantes, de telles mesures devraient être réputées vexatoires et tyranniques, opposées à nos maximes comme à nos mœurs, et que le gouvernement assez imprudent pour les mettre à exécution, deviendrait d'autant plus odieux à tous les citoyens sages et réfléchis, qu'alors chacun aurait lieu de trembler pour sa propre liberté. Car un premier acte arbitraire est ordinairement suivi d'un second de même nature, puis celui-ci d'un troisième, sans qu'il soit possible de prévoir où s'arrêtera l'oppression du faible par la force séparée du droit.

Mais il existe encore d'autres maximes et d'autres libertés publiques qui placent les Jésuites à l'abri de toute attaque légale; elles sont consignées dans les premiers articles de notre pacte fondamental; la Charte elle-même est le rempart qui protége les Jésuites contre les traits de leurs ennemis; il faut la déchirer ou laisser subsister en France leur utile société.

Je lis, article 1er : « Les Français sont égaux devant « la loi, quels que soient d'ailleurs leurs titres et « leurs rangs.» Puis, article 2 : « Ils sont tous égale- « ment admissibles aux emplois civils et militaires. »

L'article 5 et l'article 6 portent : « Chacun professe « sa religion avec une égale liberté, et obtient pour « son culte la même protection. — Cependant la « religion catholique, apostolique et romaine est la « religion de l'État. »

Voilà des libertés publiques qu'il faut désavouer, quoique consacrées par la Charte, si l'on veut provoquer contre les Jésuites la sévérité du gouvernement. Comment, en effet, échapper aux conséquences qui découlent de l'admissibilité de tous les Français aux divers emplois du royaume comme de la liberté accordée à chacun de professer sa religion?

Tous les Français sont également admissibles aux emplois du royaume. Or, un prêtre ne cesse point d'être citoyen français parce qu'il devient Jésuite ; il en conserve tous les droits, alors même que, par des engagements de conscience, il vient d'acquérir cette dernière qualité. La loi veille pour lui comme pour les autres sujets du Roi ; elle protége également ses biens, son honneur, sa vie, sa liberté. C'est en qualité de citoyen français qu'il dispose de ses propriétés par testament ; qu'il accepte des legs et des donations entre-vifs, non pour sa société, mais pour lui-même ; qu'il peut faire tous les contrats autorisés par les lois ; qu'il signe des actes notariés dont la validité serait reconnue par tous les tribunaux de France ; qu'il jouit, en un mot, de tous les droits civils et politiques des citoyens français. Et il est clair qu'en cette même qualité il pourrait devenir grand-maître de l'Université, même ministre des affaires ecclésiastiques, même président du Conseil ; ce qui n'arrivera pas, soyez tranquilles, mais ce qui néanmoins arriverait sans aucune violation du pacte fondamental. Loin de là, ce pacte placé sous la foi du serment, lui servirait de *palladium* ; car nos Jésuites sont Français, *et tous les Français sont également admissibles à tous les emplois civils et militaires*. Or, ce même homme objet de votre aversion, mais néanmoins citoyen français comme vous ; qui, d'après nos institutions, serait capable de s'élever à un si grand degré de fortune et de pouvoir ; à qui il appartiendrait de contre-signer des ordonnances royales, de prendre la part la plus active aux affaires publiques, de diriger enfin à côté du Roi et par ses ordres, le gouvernail du vaisseau de l'Etat, vous le jugeriez inhabile à occuper une chaire de rhétorique, et même à enseigner la septième dans un petit séminaire ! En vérité, de telles prétentions et un tel langage feraient pitié, si l'on n'était révolté jusqu'au fond de l'âme de votre esprit d'inquisition tyrannique, de votre désir insatiable de proscriptions, de votre intolérance voilée sous les beaux noms de *philosophie* et *d'humanité*, de *philanthropie* et de *liberté*.

Direz-vous que les fonctions remplies par les Jésuites, sont des fonctions ecclésiastiques qui n'ont rien de commun avec les emplois mentionnés dans cet article de la Charte, et que, par conséquent, on n'en peut rien conclure pour leur défense ? Mais vous prétendez que les petits Séminaires confiés à leurs soins ne sont que des colléges déguisés ; et par ce motif vous demandez qu'ils soient placés sous le régime universitaire. Ainsi, les places qu'ils y occupent doivent, selon vous, être réputés des emplois civils ; et dès lors, en leur qualité de citoyens français, ils ont droit d'y prétendre. Que si maintenant il vous plaît de les considérer comme des fonctions ecclésiastiques, je vous répondrai que les jésuites sont encore inattaquables ; car l'article 1er de la Charte déclare que *les Français sont égaux devant la loi :* or cette égalité n'existerait plus, si, *d'après la loi*, un prêtre se trouvait exclu des emplois ecclésiastiques, parce qu'il serait Jésuite, quoique d'ailleurs citoyen français,

Enfin, dans cette dernière hypothèse, les Jésuites pourraient encore invoquer pour leur défense l'article 5 de la Charte, qui, en proclamant la liberté des cultes, protége le libre exercice des fonctions confiées par les évêques aux ecclésiastiques dépositaires de leur autorité spirituelle.

Cet article de la Charte relatif à la liberté des cultes, demande à être développé avec une certaine étendue, pour qu'on puisse clairement apercevoir comment il met les Jésuites à l'abri de toute attaque légale.

« Chacun professe sa religion avec une égale li-
« berté, et obtient pour son culte la même protec-
« tion.

« Cependant la religion catholique, apostolique et
« romaine, est la religion de l'Etat. »

La voilà hautement proclamée cette liberté des cultes que l'on vante sans cesse comme le chef-d'œuvre du siècle de la philosophie, comme l'un des plus grands bienfaits assurés à la France par notre pacte fondamental. Eh bien, il est donc libre à chaque individu, non-seulement de professer les dogmes de la religion catholique et d'observer les préceptes qu'elle impose, mais encore d'accomplir les conseils dits évangéliques. Car ces conseils ont pour objet des œuvres d'une haute perfection, recommandées par le divin législateur du christianisme; elles consistent dans une chasteté parfaite, dans la pauvreté religieuse, dans une obéissance entière à des supérieurs particuliers, même dans des choses indifférentes en elles-mêmes, mais toujours selon les lois de l'Eglise, et jamais d'une manière contraire aux sages règlements tracés par la puissance temporelle. L'accomplissement de ces œuvres pieuses et saintes fait partie du culte catholique, c'est-à-dire d'un culte spécial de dévouement et de perfection, constamment recommandé et approuvé par l'Eglise catholique. Et si l'on ne jouissait pas d'une pleine liberté de vaquer à de telles œuvres, dès lors le culte catholique ne serait pas libre. Or, la faiblesse humaine a exigé que, pour suivre les conseils évangéliques, de pieuses associations fussent formées, loin du bruit des villes et de la dissipation du siècle. Ces associations ont été approuvées par les papes et les évêques, en qui réside l'autorité propre à la religion catholique, comme des moyens de perfection et de salut, comme des institutions utiles, nécessaires même pour pratiquer librement les conseils évangéliques. Et si vous supprimez arbitrairement ces associations, vous ôtez par cela même, à une foule de chrétiens, la facilité d'accomplir l'Evangile dans sa perfection. On comprend en effet sans peine qu'en restant au milieu du siècle, la plupart sont exposés à trop de dissipation, à trop de périls, pour mener cette vie d'abnégation et de renoncement aux jouissances mondaines, qui constitue la perfection de l'Evangile.

Il ne s'agit pas de discuter ici, avec des vues humaines et philosophiques, de quelle utilité peuvent être ces ordres monastiques, ces congrégations religieuses; il suffit de faire observer que les conseils évangéliques font partie du culte catholique; qu'on ôterait à la plupart des chrétiens la faculté d'y conformer leur conduite, si l'on supprimait les associations religieuses; que ces corporations établies dans les déserts de la Thébaïde, durant le temps des persécutions des empereurs romains (1), furent constamment protégées, après la paix rendue à l'Église, par tous les princes chrétiens qui favorisèrent le libre exercice de la religion catholique. Concluons de là qu'un gouvernement qui les proscrirait, quand la Constitution de l'État proclame la liberté absolue des cultes, n'agirait pas seulement d'une façon arbitraire et tyrannique, mais se mettrait dans une scandaleuse opposition avec cette même Constitution.

Eh quoi! serait-il libre, le peuple infortuné qui se trouverait régi par un gouvernement assez ennemi de l'intérêt public pour interdire les sociétés de commerce, les compagnies d'assurance, les académies littéraires, en un mot, les associations ayant pour objet de faire fleurir dans l'État l'industrie et le commerce, les sciences et les lettres? Au lieu de l'appeler *un peuple libre*, ne déploreriez-vous pas son sort, comme celui d'un esclave dans les fers? Et votre amour pour la liberté trouverait-il des expressions assez énergiques pour peindre la tyrannie du gou-

(1) La plupart des solitaires qui vivaient dans les déserts avaient des supérieurs auxquels ils obéissaient. Ceux-ci prenaient le nom d'abbés.

vernement qui la réduirait à cet état d'abjection et de servitude ? Et vous oseriez prétendre que le culte catholique serait libre sous un gouvernement qui pousserait la cruauté et le despotisme jusqu'à proscrire les associations religieuses établies pour pratiquer la perfection du christianisme, pour rendre à Dieu un culte spécial recommandé formellement dans le code sacré de l'Évangile par la législateur même de la religion catholique ! Croyez-vous donc que ces associations ne soient pas aussi nécessaires à des chrétiens pour porter la perfection de l'Évangile jusqu'à l'héroïsme, que les sociétés commerciales ou littéraires ne le sont pour exploiter des mines, étendre les progrès de la navigation, ou accroître les lumières de la science et des lettres ? L'homme est faible dans l'isolement ; il ne devient fort que par la réunion de ses semblables. Cela est vrai en tout et partout, dans l'ordre moral comme dans l'ordre physique, dans le monde religieux comme dans le monde social et politique. Et priver des chrétiens, des prêtres, de la faculté de se réunir pour vivre sous un même toit et sous une règle commune, afin de se fortifier dans la pratique des vertus évangéliques par l'attrait de l'exemple, par la communauté du travail et des prières, par les exhortations et les conseils de l'amitié, par l'ascendant d'une autorité ferme, mais douce et paternelle, placée dans les mains de supérieurs éclairés et vertueux, c'est faire peser sur la religion une véritable tyrannie ; c'est mettre des entraves au culte catholique, au lieu de le proclamer libre; c'est enfin outrager la Charte, qui protége les libertés religieuses aussi bien que la liberté civile individuelle.

Pour combattre cette doctrine dont la vérité brille d'une manière si frappante, on a prétendu que ces corporations religieuses n'appartenant point à l'essence de la religion, le culte catholique pouvait être libre, sans qu'elles fussent autorisées dans l'État; mais cette objection se trouve résolue par toutes les observations que nous venons de faire sur les conseils évangéliques considérés comme faisant partie du culte catholique, et sur la nécessité des corporations religieuses, pour offrir aux chrétiens un moyen sûr et efficace de rendre à Dieu, selon leur vocation, ce culte de dévouement et de perfection. Ajoutons qu'il serait par trop ridicule de soutenir que le culte serait libre sous une administration despotique qui, par divers prétextes, supprimerait les processions dans l'intérieur des églises, les expositions du Saint-Sacrement à certaines fêtes, le chant des vêpres, etc. Et cependant ces cérémonies n'appartiennent point à l'essence de la Religion; car elles pourraient être supprimées sans que le culte catholique, d'institution divine, reçut la moindre altération. Convenez donc aussi que ce même culte ne serait point libre dans l'Etat, si le gouvernement supprimait des associations religieuses dont les membres se montrent parfaitement soumis aux lois du royaume; qui, loin de troubler la société, l'édifient par des exemples de vertu, et que les évêques approuvent pour fournir aux fidèles un moyen efficace de pratiquer les conseils évangéliques. En un mot, un culte n'est pleinement libre qu'autant qu'on jouit d'une entière liberté de pratiquer les observances, non-seulement indispensables, mais simplement utiles, qui en font partie; qu'autant qu'il est permis à chacun des membres qui professent une religion, d'entrer dans les confréries ou associations approuvées par l'autorité spirituelle, comme moyens ou nécessaires ou utiles de rendre à Dieu un culte recommandé dans l'Evangile. Le droit du gouvernement consiste alors dans la surveillance qu'il exerce sur elles, et non dans la faculté de les détruire, à moins qu'elles ne troublent ou n'altèrent l'ordre social. Au delà de ces limites, je n'aperçois plus que l'arbitraire et la tyrannie, qu'il est impossible de concilier avec la liberté.

On objecte encore qu'avant la Révolution, alors que la religion catholique était dominante, les corporations religieuses ne pouvaient subsister sans une autorisation légale. Oui, pour jouir d'une existence légale, c'est-à-dire pour devenir habiles à posséder des biens en toute propriété, pour obtenir le droit d'accepter des legs et des donations entre-vifs, mais non pour jouir d'une simple existence de fait. Car parmi les ordres religieux établis dans le royaume en si grand nombre, on n'en citerait peut-être pas un seul qui n'eût joui d'une existence de fait, avant d'avoir obtenu une existence de droit : celle-ci n'était accordée aux associations religieuses qu'après un certain temps d'épreuves, et lorsque le gouvernement avait reconnu leur utilité. Telle était du moins la règle qu'on suivait ordinairement à cet égard ; et il est facile de s'apercevoir que la sagesse conseille de s'y conformer. En agissant différemment, on s'exposerait à revêtir d'une autorisation légale des corporations qui ne mériteraient pas cette faveur.

On n'a pas craint d'alléguer contre la doctrine établie ci-dessus, les diverses constitutions politiques qui se sont succédé depuis 1789 jusqu'en 1799, et qui avaient rigoureusement prohibé toutes corporations religieuses et toutes institutions monastiques, quoiqu'elles eussent proclamé la liberté des cultes. Mais à qui persuadera-t-on que le culte catholique fût libre dans ces temps de lamentable mémoire où, après avoir bouleversé tout l'ordre ecclésiastique par une constitution civile du clergé, et précipité l'Église de France dans le schisme, on en vint à un tel excès de fureur impie contre la religion catholique, que ses temples furent fermés ou profanés, ses ministres déportés ou livrés au glaive du bourreau, et toutes ses institutions renversées de fond en comble ? La liberté des cultes existait alors, comme la liberté civile et individuelle, dont on ne cessait de parler au peuple avec emphase, dont le nom était inscrit sur le frontispice des édifices publics, alors même que les citoyens les plus paisibles et les plus vertueux étaient traduits chaque jour devant les tribunaux révolutionnaires, précipités pêle-mêle dans des cachots infects, puis conduits à l'échafaud, ou noyés et massacrés en masse avec une barbarie et une soif de sang qui surpasse la férocité des tigres. Une telle objection ne mérite pas l'examen d'une discussion sérieuse; le silence de l'indignation devrait être la seule réponse à de pareilles citations.

Tirez maintenant les conséquences des principes que nous avons développés dans l'interprétation la plus claire et la plus naturelle de l'article de la Charte relatif à la liberté des cultes, et voyez si, sous l'égide de ce pacte fondamental et sacré, les jésuites ne sont pas à l'abri de toute attaque légale. Loin d'inspirer des craintes à l'État, ne lui offrent-ils pas de nouveaux gages de sécurité et de bonheur? N'est-il pas vrai que dans toutes les villes où ils ouvrent une maison d'éducation, aussitôt des élèves nombreux viennent se placer sous leur direction? Et cette confiance que leur témoignent les pères de famille, n'atteste-t-elle pas de la manière la plus frappante, leur capacité, leur dévouement, la bonté de l'éducation qu'ils donnent à la jeunesse, la haute utilité de leurs services? Voyez ensuite la haine profonde que leur portent les ennemis les plus furieux de l'ordre social, et à ce signe reconnaissez la pureté de leurs principes religieux et politiques, comme la sincérité de leur zèle pour les intérêts et la gloire de l'auguste dynastie qui règne sur la France. Devant des faits de cette nature, aussi publics, aussi incontestables, toutes les puériles accusations de régicide, de cupidité, d'ambition, de morale suspecte, doivent aussitôt s'évanouir comme de vains fantômes qui ne peuvent troubler que des têtes faibles et malades.

Ainsi, il n'existe aucun prétexte dont on puisse se prévaloir pour proscrire en France l'association religieuse des jésuites; et le jour où une telle proscription serait prononcée, le gouvernement aurait porté une funeste atteinte à la Charte dans ses dispositions relatives à l'admissibilité des Français aux divers emplois du royaume, comme à la liberté pleine et entière des cultes. Une telle proscription devrait encore être abhorrée comme une publique et scandaleuse violation de cette liberté civile et individuelle dont jouit tout citoyen français, sous l'empire de nos lois, dans tous les actes de sa vie domestique et privée.

Ainsi, il ne s'agit plus d'aller fouiller dans nos anciens recueils de jurisprudence pour y trouver des édits, des lois et des décrets qu'on puisse opposer à l'existence des jésuites. Toutes les dispositions qu'on aurait pu autrefois faire valoir contre eux ont été effacées par la main auguste qui a écrit la Charte et qui l'a octroyée à la France. C'est donc un devoir ponr le Gouvernement, non-seulement de tolérer leur société, mais encore de la protéger. Et si en jetant dans l'oubli tous les principes consacrés soit par la Charte, soit par nos maximes de droit public, on venait à prononcer sa suppression, dès lors il ne faudrait plus parler ni de liberté individuelle, ni de liberté civile, ni de liberté religieuse ; toutes ces libertés seraient indignement foulées aux pieds. Nous ne vivrions plus sous l'empire de la Charte, mais sous la main de fer d'une administration oppressive et tyrannique. Que les libéraux cessent donc de provoquer les rigueurs du gouvernement contre les jésuites, ou bien qu'ils déclarent nettement ne respecter la Charte, ne vouloir de la Charte que selon leurs caprices et dans l'intérêt de leur parti. C'est pour eux, j'en conviens, une alternative fâcheuse, mais elle est certaine et inévitable.

VI

LES JÉSUITES ET LA CHARTE

Par le comte FÉLIX DE MÉRODE (1).

Que résultera-t-il des tirades violentes, des clameurs de haro que l'on remarque chaque jour dans les longues et larges colonnes des journaux, contre la société de Loyola ? Je l'ignore; mais plaise au ciel que nous ne sortions pas des réseaux du servilisme et de l'intrigue politico-religieuse pour retomber dans les piéges d'une intolérance effrayante, voilée sous les couleurs d'un beau zèle libéral.

La liberté de la presse, l'indépendance et la bonne foi dans les élections, voilà les colonnes sur lesquelles repose l'édifice de la Charte; que ces deux bases du pacte fondamental soient raffermies par les Chambres et l'administration nouvelle, la France n'aura rien à craindre pour son avenir. *Encore une proscription!* crie-t-on de toutes parts; *plus de Jésuites! à bas cette milice de Rome; tout est sauvé, s'ils sont mis dehors!* Hélas, l'expérience n'apprend rien aux hommes. Libéraux, sommes-nous donc réduits au sort des tyrans qui ne savent que tuer ou bannir? La colère et la

(1) Paris, Dentu, 1828.

crainte ne seront jamais que de mauvaises conseillères. Loin de nous ces défiances sans examen, ces terreurs furieuses du despotisme. A côte de la liberté de la presse, et de celle des élections, une troisième non moins précieuse, est la liberté d'éducation, complément et correctif des deux autres. La France en jouit-elle sous le régime universitaire ? Voilà la question. Quelle anomalie, dans un pays où règne la liberté des cultes, qu'une université dépendante du pouvoir ministériel, distribuant des diplômes pour permettre d'enseigner et d'apprendre, faisant parcourir les provinces par des inspecteurs, percevant des droits fiscaux sur la matière étudiante, le tout pour que les Français voient l'éducation de leurs enfants dirigée, non comme ils l'entendent, mais comme le veulent tour à tour MM. de Fontanes, Royer-Collard, Frayssinous et de Vatismesnil ? Ces hommes sont sans doute fort honorables, mais personne ne doit être *forcé* de partager successivement leurs idées, et de supporter leur influence plus ou moins contradictoire sur ce qu'il possède de plus cher.

Dans un pays voisin de la France, le prince est protestant, la majorité des sujets catholique : qu'arrive-t-il de cette domination du gouvernement sur les établissements d'éducation ? Visitez Saint-Acheul, vous y verrez un grand nombre des élèves de toutes les provinces belgiques. En Saxe, au contraire, le prince est catholique, la majorité des habitants protestante : personne, que je sache, n'y fuit les écoles du pays; une caisse, une haute direction du monopole de l'instruction sont heureusement inconnues en Allemagne.

Pour en revenir aux Jésuites français, est-ce une œuvre bien constitutionnelle, une prétention éminemment libérale, que celle d'anéantir leurs colléges? Le peut-on sans violer *l'esprit* de la Charte et troubler le repos des familles?

A tort ou à droit, ces colléges jouissent de la confiance d'une multitude considérable de parents chrétiens, et, je le dirai sans détour, de presque tous ceux qui tiennent, avant tout, à élever leurs enfants dans un esprit catholique.

Comment en serait-il autrement? Les établissements dirigés par des laïques n'offrent, sous le rapport de l'instruction catholique, aucune garantie suffisante. Qu'on examine, en général, l'opinion des élèves qui en sortent, et l'on verra que les faits confirment ce que j'avance hardiment. Si les colléges des Jésuites ont des ennemis acharnés, ils ont donc aussi de chauds partisans. Comment violenter un si grand nombre de parents estimables, dans leurs affections les plus intimes, dans leurs intentions les plus positives? Les indifférents ou les adversaires du catholicisme auraient-ils le privilége exclusif ou constitutionnel d'imposer leur système d'éducation à ceux qui ont d'autres vues? Point de tyrannie plus détestable que celle qui s'exerce sur l'éducation. La liberté sur ce point passe, j'ose le dire, avant celle même des élections ou de la presse, avec laquelle elle doit former une triple et indissoluble alliance.

Puisqu'il existe une Université, dira-t-on, avec ses diplômes, ses inspecteurs, ses tailles, il faut courber sous son joug toutes les écoles. Défenseurs des vrais principes, c'est ici qu'il faut crier *tolle!* sur tout cet échafaudage. Les inspecteurs de l'éducation ce sont les parents ; la garantie de sa bonté, c'est la concurrence. La sollicitude et le libre choix des pères exciteront le zèle et l'émulation des maîtres. Les bons établissements ne manqueront pas de prospérer, les mauvais tomberont d'eux-mêmes. L'expérience dirigera mieux, sous ce rapport, que tous les grands maîtres passés, présents et futurs, nommés sous l'influence des partis qui exploitent tour à tour la puissance.

Comme les autres, les Jésuites suivront la loi commune. S'ils sont bons, pourquoi les détruire ? S'ils sont dangereux, pervers, corrupteurs de la jeunesse, le temps, et un temps bien court en fera justice. Ici comme partout, la violence réussira mal. La force brutale employée contre les Jésuites, les *ignorantins*, également absurde et nuisible, manque le but et donne du relief à ce qu'elle prétend détruire. La haine de toute persécution est en moi si profonde, que je serais tenté d'envoyer jusqu'à Tobolsk chez les Jésuites, mon fils, que je ne mets ni à Saint-Acheul, ni à Billom, ni à Dôle. Qu'on y prenne garde, l'homme oppose souvent à l'oppression qui le révolte toute la résistance dont il est capable. En vain expulsera-t-on de France les maîtres qu'on a signalés à l'animadversion d'une grande portion du public; une autre, convaincue de leur mérite et de leur innocence, les fera suivre par ses enfants en pays étranger. Sans courir jusqu'en Sibérie, la Suisse, la Savoie leur offrent une retraite accessible et proche. La main terrible du conquérant qui pesa sur nous a pu seule atteindre ses ennemis jusqu'aux extrémités de l'Europe ; et leur proscription deviendra presque inutile, à moins qu'elle n'aille au comble, en défendant l'éducation hors des limites de la France.

Rien n'est plus contraire à la vraie liberté que l'hécatombe qu'on prétend immoler à sa conservation. Je ne me fais point ici l'avocat des Jésuites. D'autres, plus habiles, ont entrepris cette tâche pénible; mais, je le demande à la multitude qui les redoute et les hait, a-t-elle bien examiné la question qui les concerne ? Combien de personnes ne la jugent que par les attaques quotidiennes des journaux!

Ce que je soutiens, c'est la nécessité de la liberté d'éducation, de l'existence de toutes les institutions qui servent à instruire la jeunesse selon l'intention des parents, et non uniquement selon le caprice d'un parti dominant, l'autorité d'un grand-maître et le bon plaisir de ses opinions variables. Certaines gens criaient : *Vive le roi ! vive la ligue !* Sans être à tout vent, je dis : *vivent les Jésuites ! les ignorantins ! l'Université !* à condition toutefois qu'elle fera son ménage sans troubler celui des autres, lorsqu'ils ne portent préjudice ni à la morale, ni à l'ordre public. Malgré mes vivats, que l'une ou l'autre de ces institutions meure ensuite de sa belle mort, je ne verserai pas une larme; car elles seront décidément mauvaises: mais qu'on les tue par le glaive de l'arbitraire, c'est ce que je n'approuverai jamais; le meurtre est trop odieux.

Vous prêchez l'anarchie, en fait d'éducation, tel sera le reproche qu'on m'adressera peut-être. Loin de là, je prétends indiquer l'ordre parfait; laisser les prérogatives à ceux qui doivent en jouir, n'est point anarchie; je le répète, l'éducation des enfants est le plus sacré des droits paternels; les parents ne peuvent vraiment l'exercer avec le monopole d'une Université qui régente toute l'instruction d'un pays.

Mais les Jésuites subsister en France, quelle effrayante perspective! Comment ne pas trembler en leur présence, menaçante pour la Charte et les libertés publiques!

Cependant cet absolutisme des cours, qu'on croit nécessairement l'idole des Jésuites, a été leur fléau, dans les mains des Pombal, des d'Aranda, des Choiseul, tandis que la liberté leur fournit une retraite sûre en Angleterre, aux États-Unis d'Amérique, et telle qu'ils n'en peuvent espérer de pareille en Russie et en Autriche, d'où la volonté d'un autocrate, d'un Kaunitz ou d'un Metternich peut les bannir à chaque instant comme elle les appelle à son gré.

Au lieu d'accabler d'accusations de toutes les formes et de toutes les couleurs ce qu'on appelle *parti-prêtre;* au lieu de vociférer contre les *Jésuites* du matin au soir; au lieu de rechercher et publier avec méchanceté et un air de triomphe toutes les fautes, les maladresses que peuvent commettre beaucoup d'ecclésiastiques parmi plusieurs milliers qui desservent nos paroisses; au lieu de rappeler tous les ouvrages antireligieux qui ont paru dans l'ancien régime, et perverti la morale, qu'on montre au clergé les avantages qu'il pourrait recueillir d'institutions sociales protectrices des droits et du bien-être de tous. Nulle religion, dans le siècle où nous sommes, n'a plus besoin de liberté que le catholicisme; c'est un fait qu'ignorent presque tous nos faiseurs de gazettes et de brochures lorsqu'ils parlent su hasard d'ultramontanisme; c'est ce qu'ignore particulièrement, ce qu'on appelle l'*Église gallicane.* Un ouvrage intitulé: *Des avantages des gouvernements libres pour l'Église catholique*, serait le plus utile à l'époque actuelle. Quand cessera-t-on de tourner dans un misérable cercle vicieux d'entreprises antichrétiennes, d'essais rétrogrades, de vils moyens inspirés par la fourberie et un mensonge quotidien qui tue le bon sens? A la fin du siècle qui vient de s'écouler, la philosophie, au nom de la liberté, a cruellement maltraité le clergé : de pareils souvenirs ne s'effacent pas en un jour, *inde iræ.*

Instruire, redresser les erreurs, calmer les défiances, voilà la mission de tout homme capable et vraiment bon, de tout esprit éclairé vraiment religieux ou libéral. Mon père a siégé au Sénat et y a voté plus d'une fois, même hautement, dans une circonstance importante, contre les volontés tyranniques de Napoléon. Mon frère qui se trouvait près de Paris au moment du 20 mars, a suivi les princes dans leur retraite comme volontaire royal. Le comité grec pourrait certifier que j'ai largement et itérativement souscrit en faveur des malheureux Hellènes : aussi ai-je tressailli de joie pour cette nation infortunée, au bruit de la bataille de Navarin. Qu'on m'excuse de parler ici de choses qui me regardent personnellement. En lisant un écrit, on aime à connaître l'auteur pour apprécier la foi qu'on peut accorder à ses paroles. Inconnu du public, j'ai cru bon d'entrer dans ces détails pour prouver que rien ne doit me faire soupçonner d'être ni un ennemi des lumières et du bonheur des peuples, ni un démocrate hostile au gouvernement, ni un caméléon qui prend successivement toutes les couleurs, afin de se faire ami de tout le monde. Mes vœux sont et ne cesseront d'être, quoi qu'il arrive, l'accord de la religion et des institutions libres qui dérivent de la Charte. Au lieu de tendre à cette réunion si nécessaire, de part et d'autre on met chaque jour aux prises, sans ménagement et en dépit des intérêts les plus chers de la France, le culte que professe la grande majorité de la nation, et les libertés raisonnables dont cette même nation voudrait jouir, déplorable combat d'où il ne peut résulter que la ruine de tout bien politique et moral.

VII

LES ORDONNANCES DU 16 JUIN

jugées par

le comte HUMBERT DE SESMAISONS, *Pair de France.*

On accuse de violence et de passion ceux qui n'approuvent pas tout le système que l'on semble vouloir suivre maintenant ; je répondrai d'avance à cette attaque, si par hasard elle m'était adressée.

Je parle sans violence, parce qu'à tort ou à bon droit j'ai l'intime conviction que j'ai raison, et que la violence est l'arme de ceux qui n'ont pas cette conviction...

Lors donc que je crois devoir blâmer des actes du Gouvernement, je le fais avec douleur ; mais, je le jure, avec conscience, et par conséquent avec conviction, et je crois devoir dire toute la vérité, telle qu'elle me paraît être. Ainsi, je dirai que les ordonnances du 16 juin ont d'abord attaqué les droits de la famille, les ont attaqués inutilement, les ont attaqués avec une dérision qui ressemble à l'insulte.

Et d'abord je dis *attaqué :* en effet, en écoutant des hommes qui crient bien haut qu'ils sont les organes de l'opinion publique, en se soumettant aux exigences qu'ils ont imposées par leurs clameurs, a-t-on aussi écouté les vœux des pères de famille, bien plus intéressés encore dans cette lutte pénible? Leur volonté n'avait-elle donc pas été librement exprimée, par le choix qu'ils avaient fait des maisons d'éducation où sont élevés leurs fils? Etait-ce donc une chose tant à dédaigner qu'une telle fraction de la société, composée de plusieurs milliers de pères de famille, et n'est-ce donc pas attaquer les droits paternels, que d'arracher brusquement les enfants à l'enseignement choisi par ceux-là qui seuls en ont le droit? Et c'est au nom de la liberté (chose remarquable) qu'on veut bien leur ordonner de faire élever leurs fils par l'Université, sous peine de ne pas l'être! Oui, je le répète, c'est attaquer la famille dans ses droits et les plus chers et les plus sacrés.

J'ai dit attaqué *inutilement*, et pour l'instruction, et pour l'économie. Ici je suis obligé de séparer en deux classes les élèves des établissements que l'on détruit : ceux qui y recevaient gratuitement l'instruction, et les pensionnaires. Que vont devenir les premiers, que l'on a chassés des établissements secondaires? Les recevra-t-on dans les maisons universitaires, ceux que la charitable piété élevait à l'ombre du sanctuaire et dans l'espoir du sacerdoce? Non, sans doute, on ne pourra pas les recevoir. Ils ont plus de douze ans, et les places ou ne sont pas vacantes ou ne sont pas assez nombreuses. Ils ont déjà reçu une éducation première, pas encore assez étendue pour leur pouvoir être utile; elle leur aura donné pourtant assez de lumière pour les éclairer sur leur position, pas assez de force et de talents pour leur donner moyen d'en sortir. Cette éducation devrait être achevée; et par qui? Ces élèves, arrachés violemment à l'asile qui leur avait été ouvert, ne pourront plus qu'errer tristement sous les portiques déserts : tout est fini pour eux.

Je sais qu'il m'a été dit : l'instruction gratuite donnée par les petits séminaires mettait dans la société, et livrait au besoin, à la nécessité des emplois, un nombre considérable de jeunes gens que la charité allait recueillir dans des positions sociales obscures ou peu fortunées; il y fallait poser une limite nécessaire.

Chose étrange, reproche bizarre! Les uns accusent le *parti-prêtre* de repousser toute lumière, de vouloir l'ignorance, de l'admettre pour mieux exercer son empire, et voilà que d'autres lui reprochent de lancer dans la société trop de gens instruits! Ne pourrais-je pas dire avec raison : du moins entendez-vous? Mais je me borne à une question : Que deviendront ces jeunes gens?

Quant aux élèves auxquels la fortune permettait d'être pensionnaires, que résultera-t-il et que deviendront-ils? Le but de l'ordonnance est de les faire rentrer, dit-on, dans les colléges de l'Université; mais ce but sera-t-il atteint? Et d'abord l'Université en est-elle réduite à ce point qu'elle soit obligée d'employer la force pour faire entrer dans son sein? Je n'accepte point pour elle une telle injure. C'est à mesure que son éducation sera plus en harmonie avec les opinions et les principes des parents que ses établissements seront plus recherchés par eux... Ce n'est pas la nécessité qui fait naître la confiance; elle ne peut jamais se commander, et la confiance est le plus impérieux de tous les sentiments quand il s'agit de l'éducation de ses fils.

Or, il paraît que les pères de famille avaient eu plus de confiance dans l'éducation donnée dans les maisons que l'on proscrit aujourd'hui : il faut dire le mot. Sera-ce cette espèce de proscription qui leur inspirera plus de confiance dans les maisons universitaires ? Je ne sais, mais cela me paraît peu probable. Si ces jeunes gens n'y rentrent pas, comme plusieurs personnes peuvent le croire, un des calculs de prévision de M. le Ministre des finances serait trompé. Il pense que la perte faite par le Trésor en vertu de l'allocation demandée, se trouvera compensée par l'accroissement de la rétribution universitaire. Ceci m'importe peu, et cette différence ne peut influencer mon vote, mais je la regarde comme une nouvelle preuve de ce que j'avais avancé, que cette mesure était peu utile, je dirai volontiers inutile dans ses résultats.

On nous dit : c'est l'exécution des lois du royaume. Je le sais, c'est ainsi que parlent aujourd'hui tous ceux qui témoignent dans toutes les occasions le plus d'antipathie pour tout ce qui était autrefois. C'est ainsi qu'ils réclament contre des établissements déjà existant sous le gouvernement impérial. Mais va-t-on réclamer l'exécution de toutes ces ordonnances passées ? Va-t-on les exhumer des décombres qui les ont ensevelies ? Je m'en effrayerais peut-être moins que ceux qui vont en chercher une dans ces débris ; mais je dirai ce qu'ils répondraient si l'on agissait ainsi : la Charte a établi un mur d'airain entre le passé et le présent. Je le reconnais, le mur d'airain ; mais je n'y veux pas d'exception, ni dans l'intérêt, ni dans la haine de personne : je lis l'article 1er, l'article 5, l'article 6 de la Charte, et je trouve qne tout ce qui a rapport à la question actuelle est tracé dans ces articles.

J'ai dit aussi que la mesure prise était au moins *dérisoire*, si ce n'est *outrageante pour les parents.* Nous le savons tous, messieurs, on ne l'a pas caché, on a parlé des réclamations faites depuis longtemps. Sur quoi se fondaient-elles, toutes ces bruyantes réclamations ? Sur l'illégalité d'abord ; puis on disait que ces établissements étaient des écoles de scandale, d'immoralité, de haine à la Charte, au Roi; on a été même jusqu'à parler d'école de régicide.

On a écouté les réclamations, nous dit-on. Ainsi donc, en y faisant droit, on reconnait tacitement une base quelconque à tant de calomnies, et l'on déclare par cela seul des millers de pères de famille insensés. Oui, sans doute, insensés ; car ne le seraient-ils pas, ceux qui placeraient leurs enfants dans de telles écoles ? Quoi ! ils seraient Français, royalistes, religieux, et ils iraient de leur propre choix placer leurs fils, leur espoir, leur orgueil, ce qu'ils ont de plus cher enfin, dans de telles maisons et sous de tels maîtres! On leur suppose donc une ignorance égale à leur stupidité? Et quels sont ceux qui véritablement les accusent d'un si affreux délire, ceux à la voix desquels on semble obéir; ceux qui semblent obtenir tout à force de demander avec une si violente constance? Qu'ont-ils fait, ces hommes, dans nos temps de malheurs? Quels ont été leur ouvrage, leurs actes enfin? Ont-ils été martyrs de la religion ou de la fidélité jurée?...

Je dois le déclarer avant de finir : j'ai fait toutes ces réflexions avec toute liberté. Je n'ai pas de fils, mais ceux qui les remplacent pour moi, je le dirai franchement, ont été élevés dans ces maisons d'éducation tant censurées aujourd'hui. Ils ont été élevés avec de nombreux compagnons pris dans toutes les classes de la société; peut-être, et je crois en être sûr, avec quelques-uns des fils de ceux qui se font leurs détracteurs, dans ces collèges que l'on ferme aujourd'hui avec une promptitude et une rigidité si sévères!

J'ai examiné, j'examine chaque jour avec anxiété les effets de cette éducation si injustement, si cruellement critiquée. Je dois et j'aime à le dire, j'ai trouvé chez tous ceux que je connais, et nous en connaissons tous un grand nombre, une grande sûreté, une grande fermeté de principes. Je suis bien certain qu'ils sont prêts à faire tous les sacrifices, à donner leur fortune et leur vie pour Dieu et pour le Roi. Ils ont appris à aimer leurs parents, à honorer la vieillesse, à remplir scrupuleusement les devoirs qui leur seront imposés. Je ne dis pas que la jeunesse et les passions ne viendront pas quelquefois les troubler, comme les autres hommes; mais une éducation ferme et sûre apprend à revenir toujours au bien, et je ne puis avoir d'inquiétudes : ils aiment le Roi et ils croient en Dieu.

Les maisons d'éducation où l'on reçoit de tels principes, où l'on apprend à les conserver, méritaient, je le crois, un tout autre sort; c'est la profonde douleur qu'éprouvent des milliers de pères de famille, que je me suis chargé d'exprimer.

VIII

LES JÉSUITES

défendus par HENRI DE BONALD (1).

On nous dit encore qu'*aujourd'hui les Jésuites se montrent la tête levée, qu'ils n'ont plus même recours à la timide précaution d'un nom d'emprunt.* Et je ne vois rien en effet aujourd'hui, ni dans le Code, ni dans la Charte, ni dans les mœurs, ni dans l'opinion qui empêche de s'appeler *Jésuite.* On s'appelle bien libéral, constitutionnel, franc-maçon, que sais-je! radical! carbonaro..., etc., pourquoi ne s'appellerait-on pas Jésuite? Et qui empêcherait des hommes qui offrent chaque jour au Ciel des vœux ardents pour leur pays et pour leur Prince, qui voudraient lui gagner tous les cœurs, qui s'efforcent d'élever la jeunesse dans son amour et dans l'amour de Celui par

(1) Réponse à de nouvelles attaques contre une société célèbre, adressée aux hommes de bonne foi de tous les partis par M. Henri de Bonald. (Paris, Trouvé, 1825.) — Henri de Bonald était le fils aîné du vicomte de Bonald, l'illustre philosophe, et le frère du Cardinal archevêque de Lyon. Il mourut en 1846.

16.

qui règnent les Rois; qui pourrait empêcher ces hommes-là de *se montrer la tête levée*, d'avouer ce qu'ils sont ou ce qu'ils veulent être, et de s'appeler d'un nom dont l'origine est si digne de nos respects; d'un nom qui fut celui de ces hommes généreux qui portèrent, au prix de leur sang, la lumière de l'Évangile jusqu'aux extrémités du monde; d'un nom qu'ont porté les maîtres habiles qui formèrent l'esprit et le cœur des Condé, des Montmorency, des Luxembourg, des Villars, des Bossuet, des Fénelon, des Descartes, des Corneille, et de tant d'autres hommes illustres qui leur sont en partie redevables de leur gloire?

Mais les Jésuites ont été condamnés par les Parlements, nous répètent souvent des écrivains qui ont une grande réputation de gravité... Plaisante jurisprudence, en effet, que celle des Parlements sous l'empire de la Charte! Que n'invoque-t-on aussi quelque sentence du Châtelet, des échevins ou des consuls !... Les Parlements condamnaient aussi au feu les écrits séditieux et impies, quelquefois même leurs auteurs : ceux qui invoquent encore les arrêts de Parlement contre les Jésuites, accepteraient-ils cette jurisprudence aujourd'hui? Sont-ce bien eux qui voudraient nous ramener aux rigueurs, aux exils, aux confiscations de l'ancien régime? Tout est-il bon, pourvu que ce soit contre les Jésuites? Voudrait-on ressusciter envers une classe d'hommes les priviléges de la persécution ? et faudrait-il, pour plaire à leurs ennemis, pendre encore quelque malheureux Jésuite pour avoir *trop parlé?*

Mais bien loin que la Charte s'oppose à la paisible existence, sur le sol français, de ceux qui veulent *s'appeler Jésuites*, la Charte au contraire, en abrogeant les lois anciennes, et en permettant tout ce qu'elle n'interdit pas, en tolérant également tous les cultes, toutes les opinions, toutes les professions et protégeant la liberté civile et celle des personnes, sous la condition de la soumission aux lois et de la fidélité au Prince, la Charte a écarté les obstacles qui pouvaient s'opposer à la tolérance d'une Société *d'individus* qui ne demande à l'État que l'*air* et l'*eau,* et qui n'aspire à d'autre protection qu'à celle qu'il accorde aux Quakers et aux Juifs. Si ces *individus* appelés Jésuites acquièrent des biens, ils les possèdent individuellement, et non comme corporation; et s'ils voulaient les posséder autrement, ils auraient recours sans doute aux institutions établies, et à toutes les formalités qu'elles prescrivent. S'ils ouvrent des colléges, c'est en se conformant aux lois et aux règlements de l'instruction publique; et si la France les repousse et que la Société soit *odieuse* aux peuples, les parents se garderont bien apparemment d'y envoyer leurs enfants : ces colléges seront bientôt fermés, leurs établissements crouleront, et l'opinion publique aura fait justice de la Société bien mieux que tous les arrêts des Parlements.

Ceux qui crient tant contre les Jésuites ne voudraient sûrement pas empêcher un collége de Bramines ou de Chinois de s'établir à Paris, et ils voudraient chasser encore du sol de la France des hommes qui ont l'honneur de porter le nom du divin Fondateur de la religion chrétienne, et qui sont toujours prêts à verser leur sang pour son accroissement et son triomphe! Certes, on tolère bien des *sociétés* dont on ne voit pas ou dont on ne veut pas voir le fond, des sociétés dont il n'y a de bien *connu* que les banquets..., et l'on s'épouvante de l'ombre seule de la Société la plus connue qui fût jamais, et de celle que le Gouvernement a toujours le plus grand moyen de connaître, par les maîtres qui y entrent et les élèves qui en sortent! Qu'on interroge les pères de famill, de toutes les classes qui y envoient leurs enfants qu'on leur demande leur avis sur cette Société, qu'on s'informe des sentiments et des principes qu'on y inculque à la jeunesse, et s'ils ont à se repentir d'avoir confié à ces maîtres habiles ce qu'ils ont de plus cher, leur avenir, l'espérance de leur maison, et l'on pourra se former alors une opinion sur les Jésuites, à moins qu'il n'y ait sur cette matière une autorité plus grave que celle des pères de famille, et quelque chose au monde de plus précieux pour l'État que la bonne éducation de la jeunesse!...

Ce ne fut pas seulement sous le rapport de l'éducation religieuse et morale que l'on put s'apercevoir bientôt du vide immense qu'avaient laissé les Jésuites, mais encore sous le rapport de l'éducation littéraire dans les provinces. Les études déclinèrent rapidement, et, à l'exception d'un très-petit nombre de colléges dans quelques grandes villes, l'instruction fut partout ailleurs nulle ou misérable. Et cependant toute la France ne pouvait pas être élevée à Paris! Sous les Jésuites, l'enseignement était le même dans tous leurs établissements, parce qu'il n'y était pas mercenaire, et que le savoir et l'habileté des maîtres ne s'y mesuraient pas sur le salaire qu'on leur accordait ailleurs. Il y avait d'aussi bons professeurs dans les colléges de Clermont, de la Flèche, de Rennes, qu'au collége de Louis-le-Grand; on y faisait les mêmes études, on y recevait la même instruction; et de beaux esprits d'académie n'ont pas dédaigné quelquefois d'aller discrètement exhumer de la poudre de ces colléges des scènes de génie qu'on y avait autrefois représentées.... Descartes avait été élevé à La Flèche, Bossuet à Dijon, et le grand Condé au collége de Bourges. Je crois que de longtemps un collége de province n'aura l'honneur d'élever un Bourbon; et cette concentration de tous les moyens d'instruction dans la capitale, par la suppression d'uns Ordre dont les talents et le zèle pour l'éducation s'étendaient également sur toute la France, ne fut pas une des causes les moins puissantes pour achever d'ôter toute importance aux provinces, et attirer tout à Paris.

« L'Europe savante, dit M. de Chateaubriand, a fait « une perte irréparable dans les Jésuites. L'éducation

« ne s'est jamais bien relevée depuis leur chute. Ils « étaient singulièrement agréables à la jeunesse ; « leurs manières polies ôtaient à leurs leçons ce ton « pédantesque qui rebute l'enfance. Comme la plu- « part de leurs professeurs étaient des hommes de « lettres recherchés dans le monde, les jeunes gens « ne se croyaient avec eux que dans une illustre « académie. Ils avaient su établir entre leurs écoliers « de différentes fortunes une sorte de patronage qui « tournait au profit des sciences. Ces liens, formés « dans l'âge où le cœur s'ouvre aux sentiments géné- « reux, ne se brisaient plus dans la suite, et établis- « saient entre le prince et l'homme de lettres ces « antiques et nobles amitiés qui existaient entre les « Scipion et les Lélius. » Voilà ce qu'écrivait, sous un gouvernement oppresseur, M. de Chateaubriand, dans cet immortel ouvrage qui rendit un service immense à la religion et en rappela les bienfaits et les beautés aux Français qui l'avaient oubliée. Certes, il sera bien permis de se montrer aussi juste envers cette société célèbre, aujourd'hui que la justice elle-même a reparu en France avec nos Rois, et s'est assise sur le trône à côté d'eux.

Je le disais dans une autre circonstance : tous les gens de bien ne sont pas encore les amis des Jésuites ; mais tous les adversaires de l'ordre public sont leurs ennemis, et rien n'est plus glorieux pour eux. Que l'on ne s'offense pas de cette assertion dont l'expérience confirme chaque jour la vérité, et qui n'est pas plus contraire à la logique que ne le serait la proposition suivante : « Tous les libéraux prétendent ai-« mer la Charte; mais tous ceux qui aiment la « Charte ne prétendent assurément pas être libé-« raux. »

Tout ce qui rêve en Europe la destruction du christianisme, de la catholicité, de toutes les institutions religieuses et monarchiques ; tous ceux qui voudraient secouer le joug de l'autorité légitime, et briser les liens de la morale et de la société civile ; tous ces hommes-là sont les ennemis nécessaires des Jésuites; et lorsque d'Alembert écrivait à Voltaire avec tout le sarcasme de l'impiété : « Je ne sais ce que deviendra « la religion de Jésus, mais, *en attendant*, sa Compa-« gnie est dans de mauvais draps », il dévoilait toute la pensée des philosophes aux yeux les plus fascinés et les plus ennemis de la lumière.

On pourrait dire à beaucoup de gens : « Vous êtes « les amis de votre pays et de votre prince : vous « chérissez sans doute la morale et la religion ; la « cause de la vérité et de la justice trouvera toujours « en vous de généreux défenseurs ; mais vous détes-« tez une société illustre et malheureuse, et les « hommes les plus pervers la détestent comme vous, « cela est fâcheux. »

Il est certain qu'il y a, aujourd'hui plus que jamais, uoe coalition formidable de l'orgueil, de la haine et de toutes les passions contre toute puissance et toute institution qui pourrait ramener dans la société l'amour de la religion et de l'ordre, l'obéissance à l'autorité des rois, et une soumission filiale au chef auguste de l'Eglise. Faut-il s'étonner que la société des Jésuites inspire à quelques hommes de vives alarmes et une invincible aversion ? Il y a même encore des hommes estimables prévenus contre eux, et un nuage de préjugés et d'erreurs contre tout ce que cette société fait dans l'Univers pour les progrès de la civilisation et du christianisme qui en est la source, le moyen et le terme; mais ces préventions se dissipent chaque jour dans les classes instruites de la société, et il y a une bien grande différence, dans les dispositions de l'Europe impartiale et éclairée à leur égard, entre 1762 et 1825... Soixante années d'erreurs, d'infortunes, de folies et de crimes, ne sont pas toujours perdues pour les nations, et ce n'est peut-être pas trop d'un siècle pour former la sagesse publique. Ce que l'on peut affirmer, c'est qu'en général l'esprit public, en France, n'a jamais été moins contraire aux Jésuites que de nos jours; et ce qui le prouve, c'est la violence même des attaques dont ils sont l'objet : on en parlerait bien moins si on ne les craignait pas, et on ne les craindrait guère si l'opinion les repoussait.

Nous ne pouvons résister au plaisir de citer un autre passage, où l'illustre auteur du *Génie du Christianisme* plaide la cause de cet Ordre célèbre, et le venge de la haine de ses détracteurs, avec cette noble chaleur et cette élévation de sentiments qui respirent dans ce beau monument élevé à la religion et aux lettres : « Que peut-on, s'écrie-t-il, reprocher aux Jé« suites ? Un peu d'ambition si naturelle au génie ! *Il « sera toujours beau*, dit Montesquieu en parlant de « ces Pères, *de gouverner les hommes en les rendant « heureux.* Pesez la masse du bien que les Jésuites ont « fait ; rappelez-vous les écrivains célèbres qu'ils ont « donnés à la France, ou ceux qui se sont formés dans « leurs écoles ; les royaumes entiers qu'ils ont con« quis à notre commerce par leur habileté, leurs « mœurs et leur sang, les miracles de leurs missions « au Canada, au Paraguay, à la Chine, et vous verrez « que le peu de mal dont on les accuse, *ne balance « pas un moment les services qu'ils ont rendus à la so« ciété.* »

Et cet éloquent plaidoyer n'était pas, dans la bouche de l'illustre écrivain, un éloge stérile ; car le noble Pair, après avoir parlé, dans le passage que nous venons de citer, des écrivains célèbres que les Jésuites ont donnés à la France, ou qui se sont formés à leur école (1), s'exprime ainsi dans la *Monarchie selon la Charte* : « Il n'y a aucun doute que l'éducation « publique ne doive être remise entre les mains des « ecclésiastiques et des *congrégations religieuses* aussi« tôt que l'on pourra ; c'est le vœu de la France. » Il n'est rien en effet que les corps religieux ne puissent faire pour le bien de la société civile ; ce sont eux qui

(1) Bayle disait que le seul collége de Louis-le-Grand avait vu sortir de son sein plus d'auteurs célèbres que toutes les Universités du royaume ensemble.

ont conservé les plus précieux monuments des lettres, qui ont tiré l'Europe de la barbarie, et il n'est pas d'obstacles que ce puissant levier de la *perpétuité* et de *l'unité* ne parvient facilement à enlever.

Et c'est ici le lieu de rappeler les belles paroles de J.-J. Rousseau : « La philosophie, disait-il, ne fait au-« cun bien que la religion ne le fasse mieux encore, et « la religion en fait beaucoup plus que la philosophie « ne saurait faire. » Ces paroles sont fort remarquables dans la bouche du plus fameux de tous les philosophes, et c'est surtout à l'éducation de la jeunesse qu'elles peuvent s'appliquer.

Mais si l'on continuait à affecter ces alarmes hypocrites sur l'accroissement et le danger de la puissance de la cour de Rome, à laquelle on reproche aux Jésuites de se montrer trop dévoués, je rapporterais encore les paroles de M. le vicomte de Chateaubriand, qui, repoussant les craintes vaines de beaucoup de gens au sujet de l'envahissement du clergé, s'écriait dans le même ouvrage dont nous venons de parler : « Ne voyons-nous pas des gens *tout aussi sincères*, « craindre à présent la puissance de la cour de Rome? » Et il cite à ce sujet le mot plaisant du docteur Johnson, qui disait que ceux qui criaient de son temps *aux papistes* auraient crié *au feu* pendant le déluge.

Au fond, était-il surprenant qu'un ordre religieux fût attaché d'esprit et de cœur au chef de la Religion, et qu'une société spirituelle fût soumise au pouvoir spirituel en vertu duquel elle existait? Cela était-il bien dangereux pour l'ordre social, et bien funeste au repos et à la liberté des peuples?

L'on pourrait appliquer ici les paroles que le fondateur lui-même de cet Ordre répétait souvent à ses disciples, au sujet des préventions et de la haine auxquelles il était déjà en butte à sa naissance; car rien d'extraordinaire et d'utile aux hommes n'a jamais commencé sans passer par cette épreuve : « Quelque grande, leur disait-il, que soit l'autorité de ceux qui nous condamnent, Dieu sera notre défense; mettons notre cause entre ses mains et nous triompherons de la calomnie. » Cette cause, quoique vaincue, en a triomphé en effet et elle en triomphe chaque jour. Le temps éclaircit bien des choses, dissipe bien des préjugés et s'il n'affaiblit pas les haines de ceux qui croient voir encore dans l'ombre seule de ce grand corps une barrière insurmontable à leurs desseins, il lui ramène chaque jour l'affection et l'estime des classes élevées et instruites de la société, et c'est là, quoi qu'on dise, ce qui forme la véritable opinion publique. Je ne parle pas de l'amour et de la vénération des dernières classes du peuple pour les Jésuites; les regrets et le respect que ces hommes simples leur témoignent dans leur disgrâce sont assez connus : il faudrait être tout à fait étranger à l'esprit et aux habitudes du peuple, pour ignorer combien il est actuellement disposé à chérir les corps religieux; si l'on a besoin de s'en convaincre, on n'a qu'à aller dans tous les lieux où il y a des Frères de la Doctrine chrétienne et des *Jésuites*. Le bon sens naturel du peuple lui fait toujours aimer ceux qui lui font du bien.

Lorsque Pie VI eut succédé à Clément XIV, le grand Frédéric, qui entendait encore mieux son *métier* de Roi que son rôle de philosophe, qu'il oubliait quelques fois, fit agir son chargé d'affaires auprès de la cour de Rome pour conserver la société des Jésuites dans ses Etats. Ses relations avec nos philosophes l'avaient mis mieux que personne dans le secret de la haine qu'on leur portait, et des desseins pervers dont leur destruction devait favoriser l'accomplissement. Ce Roi, dont les principes pouvaient amener une révolution chez les autres, ne la voulait pas décidément chez lui, et il connaissait l'habileté des Jésuites pour l'éducation de la jeunesse. Il avait alors un million et demi de sujets catholiques, et il ne voulait pas qu'ils fussent privés du bienfait d'une instruction éclairée et chrétienne. « Les *Jésuites*, disait-il, *ont fait leurs preuves quant à leur talent pour l'éducation; ce n'est qu'en vivant en corps qu'ils peuvent remplir convenablement cette tâche.* Le Pape leur permit de vivre en Prusse en communauté; mais, alarmé, comme son prédécesseur, de l'ombrageuse susceptibilité des puissances lorsqu'il était question des Jésuites, il ne leur permit pas de conserver l'habit de leur ordre. Frédéric se montra reconnaisssant envers Pie VI, *et il conçut pour le Pape, dans cette occasion*, disent des mémoires qui ne sont assurément pas suspects, *un tendre intérêt qu'il manifesta en plusieurs rencontres* (1). »

C'est une singulière tactique, en vérité, que celle des adversaires des Jésuites! Tantôt ils nous les représentent comme les soutiens du despotisme sacerdotal et les fauteurs de la tyrannie des Papes et des Rois, et tantôt comme ennemis des Rois et odieux au Pape et à l'Eglise.... Qu'on s'accorde donc une fois avec soi-même, s'il est possible; qu'on nous dise nettement pourquoi l'on hait les Jésuites, et si ce sont les ennemis ou les amis de l'autel et du trône que l'on exècre en eux....

Mais les passions se soucient peu de la logique, et la haine, il faut en convenir, n'est pas difficile sur les preuves.

(1) Mémoires historiques et philosophiques sur Pie VI.

IX

LA FIN DES JÉSUITES ET DE BIEN D'AUTRES

Par M. Bellemare (1).

Comment distinguer un jésuite d'un autre prêtre, et épargner l'un en frappant l'autre?

Voyons sur quoi il est possible de rechercher un Jésuite autrement que comme prêtre zélé pour les intérêts de la religion catholique, autrement que comme prêtre armé de science et de courage, et capable, sous ce rapport, de contrarier l'œuvre *d'émancipation* dont on s'occupe. Supposons qu'un juge du ministère public l'appelle devant lui pour l'interroger sur tous les points qui forment la différence d'un Jésuite à un curé de paroisse; voici exactement ce qui résultera de cette grave enquête :

D. Commencez par me déclarer si vous êtes un prêtre de la même sorte que les autres?

R. Absolument, et si vous voulez venir chez moi à la messe ou à confesse, vous en jugerez par vous-même.

(1) Paris, Dentu, 1828.

D. Cependant on assure que vous ne recevez les ordres qu'à trente-trois ans?

R. Aussi ne vous ai-je pas dit que je suis prêtre depuis l'âge de trente-deux.

D. Pourquoi donc, je vous prie, dans un temps de disette de sujets, comme celui où l'on prétend que nous sommes, ne vous hâtez-vous pas davantage?

R. C'est que nous sommes dans l'usage d'y mettre de la réflexion, et qu'en ce qui regarde le personnel du sacerdoce, il nous paraît encore plus important de s'assurer de la qualité que du nombre. Mais, après tout, puisque vous tenez à le savoir, voici ce que je puis ajouter : nous aimons à étudier longuement les vocations, à interroger les talents, à éprouver les vertus, et à laisser mûrir la science évangélique.

D. Formez-vous un ordre particulier dans l'État, comme tout le monde le dit?

R. Hélas, mon Dieu! le monde a dit bien d'autres sottises depuis qu'il est né; mais vous, magistrat, vous ne devriez pas les répéter. Si, du reste, nous formons un ordre sans que vous le sachiez, au moins faut-il en convenir, il n'est pas bien perturbateur du repos public.

D. Portez-vous un costume distinctif; par exemple, des toques, des mortiers, des chapeaux carrés ou pointus?

R. Me voilà exactement comme l'on m'a trouvé, quand on est venu me chercher de votre part : c'est ma toilette de tous les jours : examinez.

D. Cependant, il est bien certain que vous vivez sous un régime particulier; que votre salle à manger se nomme *réfectoire;* qu'on y dîne en silence; qu'on y fait des lectures de piété dans une petite chaire; que vous êtes servis par des hommes qui s'appellent *Frères*, et dont les habits sont d'une couleur brune foncée. Or vous avez beau dire, tout cela sent furieusement la communauté, la congrégation, et je ne sais quoi encore qui n'est plus de ce monde.

R. Pour le coup, je n'ai plus rien à répliquer; quand vous auriez vu notre intérieur, vous ne sauriez pas mieux les choses, et votre description est d'une exactitude parfaite. Puisqu'il en est ainsi, je vois bien que je perdrais mon temps à disputer : j'aime mieux faire une bonne confession tout de suite.

Je vous confesse donc que, par des motifs d'économie, de convenance et d'agrément, surtout par des motifs de religion et de piété, nous formons réellement entre nous de petites sociétés de prêtres où l'on entre quand on peut, et d'où on sort sans que la loi ait rien à y voir. Comme il faut de l'ordre partout, nous sommes convenus d'y établir une discipline commune, un régime commun, et des règles particulières de subordination. Tout le monde y a des devoirs et des tâches à remplir. Dix-sept heures par jour y sont partagées entre la prière et le travail, entre les exercices de la science et de la piété. La police y est sévère et la justice prompte. Aussi ne laissons-nous rien à faire aux magistrats ni à la puissance publique ; et voilà pourquoi l'on n'a jamais eu de prise sur nous qu'avec des proscriptions et des coups d'État.

Tel est le langage que tous les Jésuites pourraient tenir en présence du magistrat qui leur demanderait compte de leur vie privée et de leur régime intérieur. Et cependant, le code de pratiques qui les régit ne diffère que par là du mode d'existence des autres membres du sacerdoce. Conséquemment, il n'y a plus que ce petit espace à franchir, il n'y a plus que cette seule nuance à faire disparaître pour avoir, contre ces derniers, les mêmes griefs, les mêmes prétextes de guerre et de persécution. Qu'on juge là-dessus de leur avenir prochain et de leur état de sûreté.

Au surplus, les listes officielles de proscription sont déjà publiées et affichées par les écrivains de la faction anti-religieuse. En les parcourant, vous verrez qu'elles sont loin de s'arrêter aux jésuites, et vous serez effrayés du nombre de sacrifices qu'on vous propose pour apaiser les dieux infernaux. On vous demande les évêques et le haut clergé, parce qu'ils sont impérieux et avides de domination. On vous demande les jeunes prêtres, parce qu'ils ont un zèle ardent et mal éclairé qui les empêche de voir à quel siècle ils ont affaire. On vous demande une partie des vieux, parce qu'ils sont routiniers, tracassiers, ennemis de la danse et de la joie. Tout ce qu'on peut faire, c'est de nous permettre encore les *bons pasteurs* qui ne tourmentent personne, qui ne chicanent sur rien, et qui laissent leurs troupeaux choisir eux-mêmes entre la clef des champs et la bergerie. Mais le sacrifice sur lequel on insiste particulièrement, comme étant le plus pressé, c'est celui des confesseurs, parce qu'ils ne sont bons qu'à trahir vos secrets et à mettre le désordre dans vos ménages. Enfin, pour aller plus vite, on choisit un large filet qui enveloppe et ramasse pêle-mêle, sous la dénomination de *parti-prêtre*, tous les criminels marqués du sceau ultramontain, tous les fidèles de robe courte, les suspects de dévotion, les fauteurs et adhérents des associations religieuses, et généralement tout ce qui reste de suffragants à l'Église catholique romaine.

Ainsi vous voyez qu'on a laissé, dans le livre de mort consacré aux jésuites, des marges immenses pour les listes supplémentaires de leurs compagnons de fortune, et qu'elles se trouvent d'avance bien autrement chargées d'accessoire que de principal.

TABLE DES MATIÈRES.

PIÈCES JUSTIFICATIVES

PARIS. — IMP. V. GOUPY ET JOURDAN, RUE DE RENNES, 71

PARIS. — IMP. V. GOUPY ET JOURDAN, RUE DE RENNES, 71.

www.ingramcontent.com/pod-product-compliance
Ingram Content Group UK Ltd.
Pitfield, Milton Keynes, MK11 3LW, UK
UKHW021100220726
13924UKWH00005B/2163